Burgers en consumenten

Burgers
en
Consumenten

Tussen tweedeling en twee-eenheid

Redactie:
Hans Dagevos
Lydia Sterrenberg

Wageningen Academic
P u b l i s h e r s

CIP-data Koninklijke Bibliotheek, Den Haag

ISBN 9076998361

Trefwoorden:
Voedselconsumptie
Landbouwbeleid

Eerste druk, 2003

Afbeelding omslag:
Dolf Henkes (Rotterdam 1903-1989)
Januskop, ongedateerd (?1932-1946)
olieverf, vulmiddel op papier
32x24 cm; particuliere collectie
Foto: courtesy Stichting Dolf Henkes 100 jaar

Wageningen Academic Publishers

Inhoudsopgave

Inleiding

Hans Dagevos & Lydia Sterrenberg

De treurige constatering luidt dat de consument dubbelhartig is. Terwijl zijn rechterhand een enquête invult over scharrelvlees vult zijn linkerhand de kar bij de kiloknaller, de Aldi en de Lidl. Niet dierenwelzijn, het behoud van het landschap, betrokkenheid bij onze eigen boeren of duurzaamheid bepalen ons aankoopbeleid, maar de prijs.

Mac van Dinther, 'Liever goedkoop dan goed'. *de Volkskrant*, 26 april 2003: 17.

Wie de kranten leest of beleidsdiscussies volgt op het gebied van de landbouw, milieu of natuur, vindt regelmatig verwijzingen naar 'consumenten' en 'burgers' en de voorkeuren die ze hebben of keuzes die zij maken. De milieubewuste en dierenwelzijngezinde burger wil van alles, wordt gezegd. Hierna volgt vaak de opmerking dat in de winkel vervolgens gekozen wordt voor goedkoop, gemak en lekker. De burger en de consument worden in deze optiek gebruikt om mensen een tweeslachtig gezicht te geven: mensen hebben een januskop.

Dit boek gaat over het door overheid, ondernemers, onderzoekers of journalisten frequent gemaakte onderscheid tussen burgers en consumenten. De aanleiding ervoor zijn de economische praktijk en publieke discussies over de (vermeende) tegenstelling tussen burgers en consumenten. De praktijk en de discussies waarvoor speciale belangstelling is in dit boek, zijn die van landbouw en voedsel. Zowel de relevantie van denken en spreken in termen van burgers en consumenten als de consequenties ervan voor onderzoek en overheidsbeleid op het terrein van landbouw en voedsel, zijn centrale aandachtspunten.

Principe en praktijk

Hieronder noemen we enkele redenen die er mede verantwoordelijk voor zijn dat burgers en consumenten een rol van betekenis spelen in discussies over landbouw en voedsel. De onderwerpen die aan bod komen, geven tevens enige context aan de rest van dit boek.

Om te beginnen heeft voedingsland de laatste jaren te kampen gehad met verschillende crises en affaires. De gekke koeien, met pest besmette varkens en de dioxinekippen liggen nog vers in het geheugen. Schandalen en incidenten in de voedselproductie schaden het vertrouwen van levensmiddelenconsumenten, is de veelvuldig betrokken stellingname in Den Haag en Brussel. In het empirische onderzoek van de afgelopen jaren naar het vertrouwen in voedsel(veiligheid) zijn bevestigende uitkomsten te vinden voor dit verband. Veel respondenten geven desgevraagd aan zich inderdaad zorgen te maken over verschillende aspecten van de huidige voedselproductie. Ook zeggen ze het belangrijk te vinden dat hun voedsel diervriendelijk wordt geproduceerd. Worden vervolgens de uitkomsten van dergelijke empirische studies vergeleken met de feitelijke marktvraag of -aandelen, dan corresponderen de aangetroffen percentages niet met elkaar. De geventileerde zorg of verontwaardiging over de BSE-crisis of het dioxineschandaal, die wel uit empirisch onderzoek spreekt, betekent allerminst dat de vraag naar rundvlees of kipproducten structureel is afgenomen. Ook blijft het marktaandeel van biologische levensmiddelen tot op heden marginaal (hooguit 2 procent).

De verschillen tussen wat mensen zeggen *in principe* belangrijk te vinden (onderzoeksdata) en wat ze blijkbaar *in de praktijk* doen (marktcijfers), geven aanleiding het verschil tussen burgers en consumenten te onderstrepen. Dergelijke verschillen tussen houding en gedrag van mensen leiden er niet alleen toe mensen te bekijken en te beschrijven in hun hoedanigheid van burger en die van consument, maar ook om hen een dubbele moraal toe te dichten. In hun rol van burger, zo is de gedachte, zijn mensen betrokken en bewust. Maar hun consumentenmoraal is aanzienlijk platvloerser. Deze dubbelhartigheid, om met de zojuist geciteerde Mac van Dinther te spreken, wordt ook wel - al dan niet mismoedig of misnoegd - verwoord door termen als inconsistentie, opportunisme, onbetrouwbaar of zelfs schizofrenie. Bovendien is de aanvulling dan meestal niet ver weg dat mensen - alle hun mooie verhalen, wensen en zorgen ten spijt - feitelijk onverschillig zijn ten aanzien van voedsel en de manier waarop het wordt geproduceerd. Dat er bedenkingen en nuances mogelijk zijn bij zulke interpretaties zal verderop door verschillende auteurs aan de orde worden gesteld. Waar het hier om gaat is dat de wereld van landbouw en voedsel bij uitstek geschikt is voor het ten tonele voeren van burgers en consumenten vanwege de pregnante verschillen tussen onderzoeksresultaten en marktcijfers.

Voedsel en groen

Een tweede reden waarom burgers en consumenten onderwerp van discussie zijn in het hedendaagse debat over landbouw(politiek) en voedsel is te vinden in de overgang van de landbouwpolitiek en de voedingsmarkt van een productgerichte naar een consumentgestuurde oriëntatie. Politici, ambtenaren, ondernemers en onderzoekers werpen zich sinds een aantal jaren op als pleitbezorgers van de noodzaak van ketenomkering: producenten staan niet langer centraal, maar consumenten.

Tegelijkertijd met de ontwikkeling naar een vraaggestuurde productie die op consumentenwensen moet inspelen, is er de maatschappelijke en politieke wens om de landbouw meer duurzaam te maken. Hier komt de burger ten tonele. Dier- en milieuvriendelijkheid, rechtvaardige handelsverhoudingen, duurzaamheid of landschapsbehoud worden veelal gedefinieerd als zaken met een principieel en politiek karakter, die behoren tot het speelveld dat voor de burger is gereserveerd.

Nu zou deze rol- en speelveldverdeling geen probleem zijn als de klant - de mens als consument - slechts te behagen zou zijn met biologisch geteelde levensmiddelen en dier- en milieuvriendelijk geproduceerde etenswaren. Terwijl de overheid consumenten maar al te graag zou aanwijzen als wegbereiders in de (verdere) verduurzaming van voedingsland, is de realiteit niet zo mooi. De consumentenvraag biedt slechts aarzelende en ambivalente ondersteuning aan de realisatie van deze paradijselijke voedingsmarkt. Gerard Doornbos, de voorzitter van de land- en tuinbouworganisatie LTO Nederland, onderstreept dit regelmatig met opmerkingen als: "De consument verwacht van alles van ons, maar koopt de Aldi en de Lidl leeg. De burger betert zijn leven niet, maar koopt een aflaat zoals in de Middeleeuwen. Hij kan zijn 25 euro voor Greenpeace of Natuurmonumenten beter besteden aan biologische producten." (Dirks & Trommelen, 2003: 14) Het mag na het bovenstaande duidelijk zijn dat de LTO-voorman niet alleen staat in zijn opinie dat de burger allerlei mooie dingen wenst, zoals dierenwelzijn, natuur, open ruimte en milieuvriendelijke productie, maar daar vervolgens in zijn hoedanigheid van consument niet voor wil betalen. Bovendien worden aspecten als dierenwelzijn of milieubelasting niet via de markt verhandeld, bracht de Sociaal-Economische Raad (2003: 32) kort geleden nog maar eens in herinnering. Welke drijvende krachten zijn er dan nog om een duurzamere en diervriendelijkere voedingswereld dichter bij te brengen?

De dilemma's waarmee de overheid worstelt, kunnen we bijvoorbeeld lezen in de beleidsnota *Voedsel en groen* (LNV, 2000). In deze nota van het ministerie van Landbouw uit de tijd dat Laurens-Jan Brinkhorst minister was, wordt naar voren gebracht dat het agro-foodcomplex midden in de samenleving behoort te staan en consumentenzorgen als voedselveiligheid, milieu, dierenwelzijn of kwaliteit van natuur en landschap bepalend zijn voor de beleidsagenda. Vervolgens wordt geconstateerd dat, hoewel burgers steeds hogere eisen lijken te stellen aan productkwaliteit en productiewijze, diezelfde burgers als consumenten maar weinig genegen zijn als voorlopers te fungeren van een voedingsmarkt waar zowel de productie op een natuurlijke wijze plaatsvindt en aandacht bestaat voor het welzijn van landbouwhuisdieren, alsook een bijdrage wordt geleverd aan natuur en landschap en zorg en aandacht is voor een goed imago. Ook stelt de nota dat de landbouw een normale economische sector is, om evengoed te constateren dat, wanneer het om landbouw en natuur gaat, de overheid toch een eigen verantwoordelijkheid heeft voor regelgeving ten aanzien van bijvoorbeeld een minimumstandaard voor dierenwelzijn of de realisatie of handhaving van natuurgebieden. Kortom, consumenten zijn in het licht van de als vraaggestuurd gekwalificeerde voedingsmarkt in theorie de aangewezen partij om het verschil te maken, maar van overheidswege wordt de toekomst van voedingsland niet alleen in consumentenhanden gelegd. Al was het alleen maar omdat de handen van het consumentenpubliek vooralsnog moeizaam op elkaar gaan voor het behartigen van publieke belangen ('burgerbelangen').

Ongemakkelijke onzekerheden

In het verlengde van de bovenstaande opmerkingen over de transformatie van de voedingsmarkt richting vraagsturing en ketenomkering, ligt het laatste punt dat we hier aansnijden. De levendigheid en actualiteit van discussies over burgers en consumenten laat zich ook begrijpen als we het blikveld verbreden. We zien de veranderende voedingsmarkt dan als een deel van een wereld die aan verandering onderhevig is. We kunnen kort van stof zijn en ons beperken tot het opwerpen van enkele vragen omtrent consumentenverantwoordelijkheid en overheidsbemoeienis, in de wetenschap dat meerdere auteurs, die hierna aan het woord komen, aandacht besteden aan de kwesties die we nu slechts aanstippen. Veranderingen in het maatschappelijk bestel, en die in voedingsland in het bijzonder, zijn onderwerpen die in dit boek de revue passeren.

Om 'de toestand in de wereld' kernachtig te karakteriseren wordt de jongste jaren vaak gebruik gemaakt van het netwerk als metafoor. De wereld als netwerk verwijst naar de internationale en complexe verwevenheid van het economische, politieke en sociaal-culturele verkeer. De onderlinge verbondenheid en wederzijdse afhankelijkheid tussen overheden, ondernemingen en (non-gouvernementele) organisaties hebben een hoge vlucht genomen. Ook de (beleids)wereld van landbouw en voedsel heeft te maken met globalisering, handelsliberalisatie en verschuivende (machts)verhoudingen tussen actoren van diverse pluimage en uiteenlopende belangen. De overheid is steeds minder in staat politieke of beleidsdoelen af te dwingen of zelfstandig te realiseren. Terwijl zij zich opwerpt als de belangenbehartiger van het maatschappelijk belang, is ze om deze verantwoordelijkheid voor collectieve zaken waar te maken tegelijk afhankelijk van andere partijen, zowel aanbieders als vragers. Dit wordt ook erkend in de zojuist genoemde nota *Voedsel en groen* als in andere nota's, bijvoorbeeld op het gebied van het milieubeleid. Een illustratie van de positie die de overheid inneemt in combinatie met de rol van andere partijen (producenten, burgers-consumenten), is ook te vinden in een passage uit de brief over de intensieve veehouderij die de huidige minister van Landbouw, Cees Veerman, onlangs aan de Tweede Kamer stuurde:

"Hoe langer bedrijven persisteren in niet-duurzame productiewijzen, hoe verleidelijker voor de consumenten om dat te volgen. En des te langduriger en moeizamer is de overgang naar duurzame productiewijzen. Dat de burgers in de huidige omstandigheden niet bereid zijn om hogere prijzen te betalen voor producten die op een meer duurzame wijze zijn geproduceerd, is weliswaar onterecht maar dit alles is géén reden om niet in actie te komen." (Veerman, 2003)

Deze daadkrachtige taal laat onverlet dat er ook vragen rijzen. Vragen die de eigenmachtige rol van de overheid als partij die borg staat voor de realisatie of verdediging van publieke zaken, voorzien van ongemakkelijke onzekerheden. We noemen er enkele die verband houden met het onderwerp van burgers en consumenten. Zijn consumenten eigenlijk wel als bondgenoten te beschouwen van de 'burgerbelangen' waar de overheid voor op wenst te komen? Hoe realistisch is het levensmiddelen-consumenten verantwoordelijkheidsbesef, idealen of betrokkenheid te ontzeggen dan wel te bepleiten dat juist 'maatschappelijk verantwoord consumeren' (term Thieu Meulenberg, 2003) de toekomst heeft? Als overheidsbeleid en instituties inzetten op de versterking van bedoelde collectieve waarden, is daar dan het consumentenbelang mee gediend? Moet de overheid de collectieve doelen waar consumenten niet van gediend zijn loslaten en onverkort genoegen nemen met wat de markt genereert aan dierenwelzijn, biologische landbouw of milieudoelen?

Burgers en consumenten

Dat deze vragen zich gemakkelijker laten stellen dan zich met zekerheid laten beantwoorden, geeft aan dat de gevoerde discussie over burgers en consumenten allesbehalve is uitgekristalliseerd. We zijn nog niet uitgesproken; er valt nog veel te onderzoeken. De wens om het huidige én toekomstige debat over burgers en consumenten te voeden, ligt aan de basis van deze bundel.

Er is aan diverse wetenschappers gevraagd te reflecteren op de zin en onzin van het onderscheid tussen burgers en consumenten. Hoe relevant en interessant is eigenlijk die discussie waarin burgers en consumenten worden opgevoerd? De essays die hierna volgen zijn geschreven door onderzoekers die werkzaam zijn in verschillende disciplines: economie, psychologie, filosofie, sociologie en geschiedenis. Vanuit diverse invalshoeken laten ze hun licht schijnen op de burgers-consumenten-paradox. Gezamenlijk willen de essays verdieping geven aan de (vermeende) tweeslachtige mens als burger en consument.

Zijn er diepgravender gedachten te formuleren dan de opvattingen die momenteel in de discussie circuleren? Bedienen we ons in het huidige debat van te oppervlakkige stellingnames en te snelle oordelen, gebaseerd op te beperkte analyses? Naast theoretische reflectie is met het oog op de praktijk de blik, zoals gezegd, vooral gericht op het terrein van landbouw(politiek) en voedsel. Overigens worden wel uitstapjes gemaakt naar andere beleidsterreinen.

Deze essaybundel opent met de bijdragen van Paul Diederen en Wim Dubbink. Hoewel elk van beiden op een geheel eigen wijze invulling geeft aan het betoog, hebben ze een benadering vanuit een economische optiek met elkaar gemeen. De twee essays zijn samengebracht onder de titel *Homo economicus*. Beide onderzoekers concluderen dat de gedachte dat consumenten zelf dienen op te draaien voor de behartiging van hun burgerbelangen, zowel theoretisch onhoudbaar als praktisch onrealistisch is. De consument treft geen moreel verwijt. Volgens zowel de economische theorie als praktijk, stellen zij, zijn overheden, het bedrijfsleven of andere instituties als eerste verantwoordelijk voor zaken van collectief belang.

Vervolgd wordt met het deel dat de titel *Homo simplex* heeft gekregen. Hier zijn artikelen samengebracht van de auteurs die de tegenstelling tussen de burger en de consument kwalificeren als een schril cliché of er een schijntegenstelling in zien. De tweedeling maakt plaats voor een twee-eenheid. Achtereenvolgens komen de overwegingen van Michiel Korthals, Hans Dagevos, Gert Spaargaren en Volkert Beekman aan bod. Het betreft hier auteurs van filosofische en sociologische huize. Hun conceptuele reflecties weerspiegelen dat ze geen van allen veel op hebben met de verdediging van een dichotomie op basis van empirisch materiaal, zoals zojuist in de paragraaf 'Principe en praktijk' is beschreven. Ook delen de auteurs de opvatting dat ze weinig behoefte hebben consumenten louter als prijspakkers of onverschillige wezens te karakteriseren. Korthals in het bijzonder werpt zich op als verdediger van consumenten: consumenten zijn in zijn ogen volwaardige en complete mensen; daarom is het ongenuanceerd ze anders te typeren. "Geloof de valse profeten niet die zeggen dat de consumenten alleen maar gemak willen, alleen maar goedkope rommel willen, alleen maar willen eten en niet willen weten", poneert Korthals in zijn recentelijk verschenen boek *Voor het eten* (2002: 268-269). Woorden van gelijke strekking zijn te vinden in zijn bijdrage aan deze bundel.

De essays onder de titel *Homo duplex* nemen de tweedeling tussen burgers en consumenten als uitgangspunt. Gerda Casimir en Chris Dutilh accepteren in hun bijdrage dit onderscheid omdat er vruchtbaar gebruik van is te maken. Dat de dichotomie tussen de burger en de consument betekenisvol is wordt door beide auteurs aangegeven door burgerhoudingen en consumentengedrag te koppelen aan masculiene en feminiene eigenschappen van mensen. Ook in de bijdragen van Cees van Bruchem en Garmt Dijksterhuis wordt de splitsing tussen burgers en consumenten als een gegeven beschouwd. Het is beiden niet zozeer te doen om protest of applaus te laten klinken als het beeld opdoemt van de homo duplex die wordt 'verscheurd' door egoïstische, kortetermijnbelangen (consument) en maatschappelijkgeoriënteerde langetermijnbelangen (burger). Cees van Bruchem concentreert zich vooral op de praktijk van de voedingsmarkt. Hij kaart een aantal problematische aspecten aan die zich voordoen in de hedendaagse voedingsmarkt, om vervolgens te zoeken naar praktische oplossingen om burgers en consumenten dichter bij elkaar te brengen. Garmt Dijksterhuis, op zijn beurt, richt zich op het gebied van (psychologisch) onderzoek. Hij behandelt de tegenstelling tussen de burger en de consument als een paar tegengestelde begrippen waar de nodige corresponderende varianten van bestaan. Het onderscheid tussen ratio en emotie is hier een voorbeeld van. Onderzoek dat zich baseert op dergelijke tweedelingen is volgens hem voor (methodologische) verbetering vatbaar, omdat studies zich eenzijdig richten op één van beide noties met verwaarlozing van de andere.

Het laatste essay in deze bundel is van de hand van Anton Schuurman. Zijn betoog valt onder de noemer *Homo historicus*. Hoe actueel de discussie over burgers en consumenten ook is, we vergeten niet dat het ook zinvol is het historische perspectief in ogenschouw te nemen. Verwijzen Michiel Korthals en Hans Dagevos in hun essays enkele malen naar het recente verleden, Anton Schuurman gaat hier uitvoerig op in. Hij beziet burgers en consumenten in het licht van bredere lijnen die vanuit vroeger tijden zijn te trekken.

Tot besluit volgt na de tien essays nog een korte uitleiding waarin we ons concentreren op respectievelijk het realisme en de redelijkheid van de onderscheiden burger en consument. In beide gevallen geven we aan dat de tegenstelling tussen de burger en de consument tot een patstelling leidt als ze op onrealistische of onredelijke wijze wordt aangewend. Op grond van de tien essays wordt bepleit deze twee punten te overstijgen in de voortzetting van de discussie over burgers en consumenten.

Referenties

Dirks, B. & J. Trommelen (2003) 'De prijs van goedkope kip: De consument is dol op dieren, maar wil vooral goedkoop eten'. *de Volkskrant*, 8 maart, p. 14.

Korthals, M. (2002) *Voor het eten: Filosofie en ethiek van voeding*. Amsterdam: Boom.

LNV (2000) *Voedsel en groen: Het Nederlandse agro-foodcomplex in perspectief*. Den Haag: Ministerie van Landbouw, Natuurbeheer en Visserij.

Meulenberg, T. (2003) "Consument en burger': Betekenis voor de markt van landbouwproducten en voedingsmiddelen'. *TSL*, 18(1), pp. 43-54.

SER (2003) *Duurzaamheid vraagt om openheid: Op weg naar een duurzame consumptie*. Den Haag: Sociaal-Economische Raad.

Veerman, C. (2003) 'Brief van de minister van LNV aan de voorzitter van de Tweede Kamer der Staten-Generaal over de toekomst van de intensieve veehouderij'. 20 juni.

Homo economicus

Burger, laat die consument met rust!

Paul Diederen

De markt haalt het beste uit producten en het slechtste uit mensen.

Ik ben voor veiligheid in dit land, en ik ben bereid daar ook voor te betalen, maar ik huur toch geen politieagent. Ik wil ook best voor landsverdediging betalen, maar ik koop daarom nog geen stukje van een tank of een straaljager. Ik ben ook voor straatverlichting en heb daar graag wat voor over, maar ik schaf daarom nog geen straatlantaarn aan. Er zijn veel mensen die mijn voorkeuren delen, maar ik ken er niet één die zelf politiediensten, legermaterieel of straatmeubilair koopt. Ik verwacht dat van niemand en er is ook niemand die zoiets van mij verwacht. Het zou ook niet echt bijdragen aan de veiligheid en kwaliteit van leven in Nederland als ik af en toe eens een uurtje politiedienst huur, of een stukje van de vleugel van een straaljager koop, of ergens een lantaarn langs de openbare weg laat installeren. Het is niet nuttig want mijn individuele bijdrage zou veel te klein zijn in verhouding tot wat nodig is.

Waarom verwacht men dan wel van mij dat ik diervriendelijkheid in de veehouderij en milieuvriendelijkheid in de groenteteelt koop? Waarom moet ik eigener beweging en met graagte een premie betalen op de prijs van mijn karbonaadje ten behoeve van de humanisering van de intensieve veehouderij, een premie op de prijs van mijn tomaatje voor een biologische of milieuvriendelijke en duurzame methode van teelt, en ook nog een premie op de prijs van mijn eitje om kippen bewegingsruimte te bieden? Jazeker, ik ben vóór diervriendelijke productiesystemen, en ook voor duurzame teelt, en voor kippen die scharrelen op boerenerven en langs de kant van de weg, en voor koeien in het weidse landschap onder zware donkerpaarse wolken. En ik wil daar ook best wat extra's voor op tafel leggen - natuurlijk. Maar als ik als individu, in een winkel waarin allerhande wel en niet-duurzame en diervriendelijke producten hoog opgetast liggen en waar ik moet kiezen welk product ik in mijn mandje ga leggen, zou besluiten een paar luttele centen extra te betalen bovenop de prijs van mijn karbonaadje, mijn tomaatje en mijn eitje... Dat heeft toch geen zin. Het is net zo min nuttig voor de varkens in Nederland als ik een karbonaadje koop, gesneden uit een exemplaar dat ooit heeft mogen wroeten, als het nuttig is voor de Nederlandse automobilist als ik ergens langs de weg een straatlantaarn laat zetten.

Een moreel appèl vindt weinig weerklank

Waarom wordt dit dan toch van mij verwacht: het enthousiast betalen van die opcenten? Sterker nog, waarom zijn er mensen in Nederland, een behoorlijk aantal zelfs, die aan dit verwachtingspatroon voldoen? Het is niet op het punt van het nut dat individuele vrijwillige bijdragen aan straatverlichting en aan diervriendelijkheid van elkaar verschillen. Allebei zijn nagenoeg niet nuttig. Eén lantaarn, één scharreleitje: geen mens of kip die er wat aan heeft.

Het grote verschil tussen straatverlichting en dierenwelzijn is het morele karakter van de betreffende keuze. Aan straatverlichting zit geen ethische kant - dat is geen kwestie van goed of slecht, van toelaatbaarheid, van mogen of niet mogen (hoogstens een van moeten). Aan systemen van dierlijke productie zitten die aspecten wel. Hier speelt de vraag: wat mogen wij dieren aandoen om aan ons voedsel te komen? De oproep aan mij om meer te betalen voor diervriendelijk geproduceerd vlees is dan ook niet een oproep aan mijn rationaliteit, aan mijn neiging om uitgaven te relateren aan nut. Het is een morele oproep die appelleert aan mijn ethisch besef.

Als econoom heb ik geleerd dat zoiets wel bestaat, moraliteit, maar dat dit in het handelen van de mens een ondergeschikte rol speelt. Mensen laten zich in hun keuzegedrag primair leiden door afwegingen van kosten en baten - dit noemen we rationaliteit. Het gaat hier meestal om eigen kosten en baten, maar dat is niet noodzakelijk: mensen kunnen in hun keuzegedrag ook rekening houden met kosten en baten van anderen. Cruciaal is hier dat de veronderstelling van rationeel gedrag impliceert dat mensen vooral kijken naar het effect van keuzes en handelingen, het nut of het ongemak. Voor zover vanuit deze optiek al gesproken kan worden over goede of slechte handelingen (economen doen dat in de regel niet), hangt dit af van het effect van de handeling: iets is goed als het iets nuttigs oplevert. Er is in dit perspectief geen plaats voor het idee dat er een intrinsieke ethische kwaliteit aan een handeling zit, los van het effect. Het kopen van een scharrelei is niet goed, en daarmee nastrevenswaardig, als het niet wezenlijk bijdraagt aan het welzijn van de kip.

Voor mij als econoom is het daarom zo klaar als een klontje waarom mensen kiezen voor het goedkope tomaatje, eitje en lapje vlees: ze zijn zich bewust van hun marginale positie op de markt en beseffen heel terecht dat er niks verandert in de wereld van intensieve veehouderij en groenteteelt als zij vandaag individueel een beetje meer betalen. Dat wil niet zeggen dat ze die veranderingen niet graag zouden willen. En evenmin dat ze niet bereid zouden zijn hogere prijzen te betalen. Ze willen misschien wel betalen, maar alleen als het effect heeft - dat begrijp ik best. Het grootste raadsel wordt voor mij dan ook niet gevormd door mensen die wat anders zeggen dan ze doen, maar door die enkelingen die tegen alle rationaliteit in toch dat extra geld op tafel leggen. Om dat te begrijpen moet ik als econoom buiten mijn discipline treden en mijn toevlucht nemen tot speculaties omtrent de verzoeking van het morele appèl.

Overheid, pak aan!

Maar als we het er nu allemaal (of in meerderheid, want dat is voldoende in ons democratisch systeem) over eens zijn dat er iets moet gebeuren aan het welzijn der landbouwhuisdieren en het behoud van milieu, landschap en natuur, hoe moeten we dat dan voor elkaar krijgen? Dierenwelzijn, milieukwaliteit, natuurlijke hulpbronnen, kwaliteit van natuur en landschap: dit zijn allemaal collectieve goederen, zaken van gemeenschappelijk belang, net als straatverlichting en landsverdediging. Collectieve of publieke goederen worden gekenmerkt door twee karakteristieken. Ten eerste dat niemand van het profijt ervan kan worden uitgesloten (non-exclusiviteit). Ten tweede dat het gebruik door de ene persoon geen invloed heeft op de gebruiksmogelijkheden van iemand anders (non-rivaliteit). Straatverlichting is een publiek goed: niemand kan worden uitgesloten van het zien van de weg 's nachts als de verlichting aan is en het zien van de weg door de een beperkt niet de mogelijkheden van anderen om de weg te zien. Van het profijt van een schoon milieu of een aantrekkelijk landschap is ook niemand uit te sluiten, en het genieten van de een gaat niet ten koste van dat van de ander. Het op een welzijnsvriendelijke wijze houden van dieren is misschien eerder aan te merken als een collectieve dienst dan als een collectief goed, maar het voldoet aan dezelfde kenmerken.

Het aanbod van collectieve goederen komt niet via de markt tot stand. Non-exclusiviteit impliceert dat de baten van een collectief goed bij een hele populatie terechtkomen. De gezamenlijke baten kunnen dus heel groot zijn, maar ze zijn verspreid over veel mensen. Voor ieder individu afzonderlijk zijn de kosten in het algemeen veel hoger dan de baten, maar voor het collectief ligt dat vaak andersom. De traditionele oplossing voor dit probleem is aankoop of verstrekking van dit soort goederen en diensten door het collectief, door de staat. Hiervoor is een coördinatiemechanisme in het leven geroepen, een systeem dat regelt dat beslissingen worden genomen omtrent welke collectieve goederen tot stand te doen komen (de wet-gevende en de uitvoerende macht) en dat de kosten hiervan over de populatie omslaat (een belastingsysteem). Dit systeem van belastingen leidt tot verplichte bijdragen omdat de non-exclusiviteit van collectieve goederen meeliftgedrag (*free rider-gedrag*) onder rationele mensen uitlokt.

Belastingen zijn niet populair. Maar voortbrenging van alle collectieve goederen die een maatschappij op haar verlang-lijstje heeft staan is nu eenmaal duur. Dat verklaart waarom periodiek de vraag opkomt of het niet toch mogelijk is de pro-ductie van collectieve goederen door consumenten te laten uit-lokken; om deze goederen langs de weg van de markt verstrekt te krijgen. Als de consument wil dokken, hoeft het niet uit de schatkist betaald te worden. En dat zou goed uitkomen in een tijd waarin overheidsinkomsten onder druk staan en belasting-verlaging een thema is dat weerklank vindt bij grote delen van het electoraat.

De conclusie is duidelijk: de houding van de burger en het gedrag van de consument zijn niet inconsistent. Als we (in meerderheid) een verbetering wensen van het welzijn der die-ren en de kwaliteit van onze natuurlijke omgeving, moeten we ophouden met het constant herhalen van morele oproepen aan consumenten om zelf te trachten collectieve goederen te kopen. Weg met het opgeheven vingertje! We moeten stoppen mensen onder druk te zetten om geld uit te geven aan zaken met verwaarloosbaar effect en ophouden met het uiten van onze verbazing over het feit dat mensen daar niet warm voor lopen. We moeten de verantwoordelijkheid daar leggen waar zij behoort te liggen: bij het collectief, bij de overheid. De over-heid moet beslissingen nemen, algemene regels en normen stellen en zorgen dat de financiering rond komt. De financie-ring moet omgeslagen worden over allen die baat hebben bij het collectieve goed, liefst door de kosten in de prijs van pro-ducten te verwerken, en anders uit belastinggelden. *Quod erat demonstrandum.*

Klopt dit nu allemaal? Kan het leven zo simpel zijn, of zijn nog enige nuances aan te brengen die de kwestie toch weer compliceren? Ergens knaagt het gevoel dat dit verhaal, ofschoon in grote lijnen aannemelijk, toch misschien hier en daar erg eenzijdig en kort door de bocht is. Daarom loop ik een paar aspecten van dit verhaal nog een keer met een kritische blik met u langs.

Kanttekeningen bij collectieve goederen

Mijn verhaal stoelt op twee belangrijke aannames: de assumptie dat we in het geval van dierenwelzijn, milieu, landschap en dergelijke te maken hebben met collectieve goederen en de assumptie dat mensen rationele actoren zijn. Bij de collectieve goederenassumptie kunnen een paar vragen gesteld worden. Een eerste vraag luidt: hebben we hier te maken met zaken die absoluut als collectieve goederen gezien moeten worden? Collectieve goederen zijn goederen waarmee gemeenschappelijke belangen gemoeid zijn. Hierover bestaat in sommige gevallen meer consensus dan in andere. De verzameling van collectieve goederen is niet gegeven: we kiezen wat we als samenleving als een collectief goed beschouwen. Landen verschillen dan ook van elkaar ten aanzien van wat als zodanig wordt aangemerkt. Maatschappelijke keuzes, gemaakt door een overheid namens de burgers, hoeven niet de voorkeuren van elk afzonderlijk individu te weerspiegelen. Sommige keuzes om iets als een collectief goed te beschouwen worden door bepaalde segmenten van de bevolking niet gedeeld. Niet iedereen hecht bijvoorbeeld aan dierenwelzijn in de veehouderij. Is het open en ongerept houden van het Groene Hart een collectief belang? Ik kom daar nooit: van mij mag het worden volgebouwd.

Is de discussie over het contrast tussen wat burgers zeggen en wat consumenten doen niet ingegeven door onenigheid over de vraag of we hier inderdaad met collectieve goederen te maken hebben? Is het niet een verkapte manier van het aanvechten van de maatschappelijke keuze om bijvoorbeeld dierenwelzijn als een publiek belang aan te merken? Door te stellen dat verbetering van dierenwelzijn door de consument gedragen en betaald zou moeten worden, beweren we eigenlijk dat het als een privaat goed moet worden gezien waarbij iedereen een persoonlijke verantwoordelijkheid heeft en zelf een keuze moet maken. Er is toch een rechtstreeks verband tussen mijn scharreleitje en het welzijn van dat ene specifieke kippetje dat mijn eitje gelegd heeft? Door aankoop van een diervriendelijk karbonaadje krijg ik misschien niet de hele Nederlandse varkenshouderij op een nieuw spoor, maar dat ene varken waarvan ik nu een stukje in papier gewikkeld in handen heb, heeft dan toch maar op stro gelegen. Van diervriendelijkheid in de veehouderij een privaat goed maken is stellen dat ik met dit marginale effect tevreden moet zijn.

Een tweede vraag is: zou je niet met wat maatregelen van collectieve goederen private goederen kunnen maken? Bij een privaat goed heb je immers niet het probleem van de discrepantie tussen wat mensen zeggen dat ze iets waard vinden en wat ze er feitelijk voor willen betalen. Bij een privaat goed bepaal je of je de prijs wilt betalen die ervoor staat, en als je dat doet krijg je de beschikking over alle baten die dat goed met zich mee brengt: er zijn geen externe effecten. Daarom bestaat de neiging bij de overheid om publieke goederen waar mogelijk in private goederen te transformeren. Voorbeelden zijn onderwijs en sociale zekerheid. Ik vermoed echter dat in het geval van milieu, natuur en dierenwelzijn de oplossing van het probleem niet gevonden kan worden in het transformeren van publieke in private, via de markt te alloceren goederen. Ook al wordt dat tot op zekere hoogte wel geprobeerd, bijvoorbeeld door hekken om natuurgebieden te zetten en toegangsgelden te vragen. Mogelijkheden tot dit soort transformaties zijn echter heel beperkt. Bij grootschalige toepassing gaan ze gepaard met hoge transactiekosten (de kosten van het creëren en laten functioneren van een markt) en zijn ze in veel gevallen maatschappelijk onaanvaardbaar.

Hoe rationeel zijn consumenten?

De andere veronderstelling in mijn verhaal is dat mensen rationele keuzes maken. Rationaliteit houdt nutsmaximaliserend gedrag in, gegeven randvoorwaarden en een consistente voorkeursordening. Een rationele consument gaat niet extra betalen voor scharrelproducten - maar is die consument wel zo rationeel? Kun je in het beleid geen gebruik maken van het feit dat mensen niet alleen maar rationeel zijn? Economen hebben de laatste jaren aan de hand van experimenten ontdekt op welke punten menselijk gedrag systematisch afwijkt van het rationele model (Rabin, 1998, 2001; Fehr & Falk, 2001; Tirole, 2001). Deze patronen van systematische afwijking bieden misschien mogelijkheden, naast morele appèls, om de betalingsbereidheid van mensen voor collectieve goederen te vergroten. Ik bespreek er drie.

Ten eerste, mensen zijn sociale wezens. Ze zijn geneigd in hun beslissingsgedrag niet alleen rekening te houden met hun eigen nut, maar ook met het nut van anderen. De mate waarin ze dat doen hangt af van de situatie en van de prikkels die daarvan uitgaan. Ze worden niet alleen gemotiveerd door economisch gewin (nut in de enge zin van het woord), maar ook door sociale waardering. Ik ben bijvoorbeeld, zo blijkt uit experimenteel onderzoek, best bereid in mijn werk een beetje extra inspanning te leveren voor de goede zaak als dat nodig is. Ik ben daar echter alleen toe bereid als ik niet gecontroleerd word, als ik weet dat ik het vertrouwen van mijn baas heb en als ik erop kan vertrouwen dat mijn baas ook zijn best doet om mij indien mogelijk in de resultaten van mijn extra inspanningen te laten delen. Mijn extra inspanningen en die van mijn baas berusten op vertrouwen en wederkerigheid, niet op dwang en controle. Dit vertrouwen wordt ondersteund door sociale normen en vaak door de mogelijkheid van sancties in het geval het vertrouwen beschaamd wordt of men zich niet aan de impliciete norm houdt. Een dergelijk mechanisme ligt vaak ten grondslag aan de voorziening van collectieve goederen in kleine gemeenschappen (bijvoorbeeld in bedrijven). Zou je nu van dit soort gedragspatronen geen gebruik kunnen maken om het bijdragen aan landschapsbeheer of dierenwelzijn te stimuleren? Als je mij zo ver kunt krijgen vrijwillig mijn beste beentje voor te zetten voor mijn baas, zou je me dan niet ook zo gek kunnen krijgen dat ik een beetje meer betaal voor mijn eitje, mijn tomaatje en mijn karbonaadje? Dan moet ik wel weten dat anderen dat ook doen, dat ik erom gewaardeerd word en dat ik erop word aangekeken als ik het niet doe.

Een kanttekening hierbij is wel dat mensen blijken te verschillen in hun geneigdheid om op vrijwillige basis aan collectieve goederen bij te dragen. Uit experimenten komt naar voren dat grofweg 40 tot 50 procent van de mensen (conform het rationele model) geneigd is zich overwegend als calculerende burger en daarmee als *free rider* te gedragen. Het stimuleren van wederkerigheid en normbesef heeft op termijn wellicht enige zin, maar waarschijnlijk niet heel veel.

Ten tweede, mensen waarderen iets afhankelijk van de context waarin ze het waarnemen - ze waarderen dingen ten opzichte van ankerpunten. Mijn referentiepunt is het goedkope lapje vlees uit de bio-industrie, waar ik mee ben opgegroeid en nooit ziek van ben geworden. Routinematig leg ik dat in mijn winkelmandje. De aankoop van een karbonade uit een stal met stro en uitloop naar de modder ervaar ik als een bijzonder lapje vlees waarvoor ik iets meer moet betalen - daar kán ik voor kiezen. Ik zou ook een ander standpunt kunnen innemen: een gewoon karbonaadje is afkomstig van een varken dat stro, uitloop en enige vertroeteling door de boer heeft gekend, en dat heeft zijn prijs. Ik kán ervoor kiezen op de normale prijs wat te besparen door een karbonade te kiezen van een varken dat tijdens zijn leven slecht behandeld is. In het eerste geval heb ik het gevoel wat extra's voor het varken te doen bovenop wat normaal is - in het tweede geval heb ik het gevoel het varken extra te benadelen om er zelf beter van te worden. Het gaat feitelijk om dezelfde keuze, maar benaderd vanuit twee verschillende gezichtspunten. Vaak vallen keuzes vanuit verschillende gezichtspunten toch anders uit. Opvallend is dat in de communicatie over diervriendelijk vlees, biologische producten en dergelijke, ook door de producenten, hiervan geen gebruik wordt gemaakt. Iedereen zegt: diervriendelijk en biologisch is extra en kost meer. Waarom niet: gangbaar kan je een besparing opleveren, weliswaar ten koste van dier of milieu?

Ten derde, als je me vraagt (als burger) hoeveel extra geld ik in de toekomst over heb om dan, in de toekomst, een beetje extra landschapskwaliteit of dierenwelzijn te realiseren, dan blijk ik daar best wat voor over te hebben. Als je me daarentegen vraagt (als consument) hoeveel geld ik nu aan de kassa van de supermarkt wil betalen om in de toekomst dat beetje extra landschapskwaliteit of dierenwelzijn tot stand te brengen, dan valt het bedrag lager uit. In het eerste geval liggen kosten en baten beide in de toekomst. In het tweede geval liggen de baten in de toekomst, maar ervaar ik de pijn van de kosten onmiddellijk. Het is bekend dat mensen (in tegenstelling tot wat economen meestal denken) niet consistent zijn in hun waardering van de tijd: het nu weegt onevenredig veel zwaarder dan de toekomst (preciezer: de verhouding tussen het nut van een euro nu en het nut van die euro morgen is veel groter dan de verhouding tussen het nut van een euro volgend jaar 4 april en het nut van die euro volgend jaar 5 april). We zijn gewend tijd weer te geven als een continuüm, als een lijn die loopt van vroeger via nu naar later. Die voorstelling strookt echter niet met onze ervaring van de tijd: er is een kwalitatief verschil in onze ervaring van het verleden, het heden en de toekomst - de lijn van de tijd breekt in het nu. Als je mensen graag wat meer voor iets wilt laten betalen, doe je er dus verstandig aan hen niet in de situatie te plaatsen waarop de baten in een onbestemde toekomst en de kosten in het concrete en tastbare nu vallen. Je kunt mensen beter nu laten beslissen om later te betalen (zoals bijvoorbeeld bij het groenteabonnement gebeurt), want dan zijn ze vaak bereid meer te schuiven.

Verstandig beleid

De meeste mensen zijn bereid te betalen voor collectieve goederen. Dat is ook wat ze desgevraagd aangeven: we willen een duurzamer gebruik van natuurlijke hulpbronnen en betere leefomstandigheden voor onze varkens en kippen, en we zijn best bereid ons steentje bij te dragen. Waarom getwijfeld aan deze zo vaak uitgesproken preferenties en intenties? Rationele consumenten trekken inderdaad voor collectieve goederen niet hun beurs bij de kassa van de supermarkt. Waarom daaruit geconcludeerd dat mensen inconsistent zijn en daarmee zelfs onoprecht en onberekenbaar? Dat is naast een nogal boude slotsom, eveneens - zoals ik heb betoogd - een foute conclusie. Het is er ook een die getuigt van een zekere arrogantie en fatalisme: als de ander onoprecht en onberekenbaar is, ligt het probleem daar en hoef je zelf niks meer te doen. Echter, mensen willen wel, en ze willen echt, maar kunnen niet in hun eentje. Coördinatie is noodzakelijk en dat is een klassieke taak voor de overheid.

De overheid heeft het daarbij weliswaar enerzijds te stellen met de neiging van sommige calculerende burgers tot ontduiking en *free rider*-gedrag, maar kan anderzijds ook profiteren van het feit dat veel mensen onder bepaalde omstandigheden bereid zijn zonder formele dwang bij te dragen aan collectieve goederen. Mensen doen vrijwillig een duit in het zakje als hun gedrag zichtbaar is, als ze weten dat anderen dat ook doen (zodat het ook effect heeft), of als het leveren van een bijdrage zich tot een informeel dwingende norm ontwikkeld heeft. We dragen zorg voor belangen van anderen als dit als normaal gedrag ervaren wordt; als dit het referentiepunt is van waaruit we ons eigen gedrag bekijken.

Er ligt dus voor de overheid een stevige basis om beleid op te bouwen: er is een maatschappelijk draagvlak en een zekere mate van bereidheid van burgers om bij te dragen, zelfs zonder formele dwang. Rest alleen het vaststellen van het gemeenschappelijk ambitieniveau en het organiseren van de vereiste voorwaarden. Regering en parlement stellen uiteindelijk het gewenste voorzieningsniveau van collectieve goederen vast. Dit geldt voor landschapskwaliteit en dierenwelzijn net zo goed als voor veiligheid, zorg en onderwijs. Sommigen willen meer, anderen willen minder, en het resultaat is altijd een compromis. De procedure van besluitvorming is mede bepalend voor het draagvlak voor dit compromis. Hoe interactiever, participatiever en democratischer de procedure, hoe meer 'poldermodel', hoe breder het draagvlak. Meer poldermodel is weliswaar duurder en stroperiger, maar een breder draagvlak onder een besluit vergemakkelijkt implementatie gebaseerd op vrijwilligheid en op inzet van private partijen en leidt tot lagere handhavingskosten.

Ten slotte, het organiseren van de vereiste voorwaarden voor de productie van collectieve goederen kan niet zonder traditionele vormen van regulering en verplichting. Hierbij moeten niet alleen de totale daarmee gemoeide kosten, zowel de productie(meer)kosten als de transactiekosten (de kosten van marktorganisatie, monitoring, handhaving en sanctionering) in het oog gehouden worden, maar ook de verdeling hiervan over de diverse partijen. Regulering en verplichting moeten echter gepaard gaan met het stimuleren van een collectief normbesef.

Referenties

Fehr, E. & A. Falk (2001) 'Psychological foundations of incentives'. *European Economic Review*, 46, pp. 687-724.

Rabin, M. (1998) 'Psychology and economics'. *Journal of Economic Literature*, 36, pp. 11-46.

Rabin, M. (2001) 'A perspective on psychology and economics'. *European Economic Review*, 46, pp. 657-685.

Tirole, J. (2001) 'Rational irrationality: Some economics of self-management'. *European Economic Review*, 46, pp. 633-655.

De prijs van verantwoordelijkheid

Wim Dubbink

Het zijn bijzondere tijden. Het idee van moderniteit is eeuwenlang synoniem geweest met maatschappelijke differentiatie. Maatschappelijke differentiatie betekent dat specifieke soorten handelingen steeds nadrukkelijker worden toebedeeld aan specifieke handelingssferen. Enerzijds wordt in een sterk gedifferentieerde samenleving de markt steeds meer de sfeer waarin alleen nog maar economisch wordt gehandeld (binnen een aantal normatieve en politieke randvoorwaarden). Anderzijds concentreert zich in een gedifferentieerde samenleving het publieke en politieke handelen steeds meer in de sfeer van de staat en de *civil society*. In een gedifferentieerde samenleving komen aldus het perspectief van de burger en het perspectief van de consument steeds verder uit elkaar te staan.

Bijzonder aan ons hedendaagse tijdsgewricht is dat in allerlei hoeken en gaten mensen en bewegingen opstaan die zich verzetten tegen het idee van een volledige of zeer verregaande maatschappelijke differentiatie. Het is genoeg geweest of misschien zelfs al te ver gegaan. De trend naar steeds verdergaande differentiatie moet volgens velen worden omgebogen. Het maatschappelijk breed gedragen verlangen ondernemers te binden aan een politiek en normatief getoonzette *licence to operate*, naar maatschappelijk verantwoord ondernemen en naar ethiek op de markt past precies in dit verzet tegen verdergaande maatschappelijke differentiatie. In algemene termen gesteld is het gevolg van deze tegenbeweging voor de markt dat deze sfeer meer en meer hybride wordt. Producenten en consumenten gaan het economisch verkeer mede vanuit politiek, sociaal en publiek oogpunt evalueren, gaan hybride keuzes maken en gaan tevens hybride eisen stellen aan andere partijen.

In dit essay buig ik me niet over de *oorzaken* van de trend richting maatschappelijke dedifferentiatie. Ik neem aan dat bepaalde structurele oorzaken de motor vormen achter deze beweging en ik neem tevens aan dat deze ontwikkeling wenselijk is vanuit liberaal-democratisch oogpunt (zie bijvoorbeeld Steinmann & Löhr, 1999). Ik concentreer me op de politiek-theoretische evaluatie van één aspect van dit proces, namelijk het gegeven dat natuurlijke personen in hun rol als consument politieke, sociale en publieke eisen gaan stellen aan producenten. Kortom, mede als burger eisen gaan stellen op de markt.

Hybriditeit

Laat ik eerst constateren dat producenten verschillend op de nieuw ontstane situatie reageren. Sommigen beschouwen de hybriditeit niet als een probleem. Deze producenten waren vanuit een eigen motivatie allang aan de slag met maatschappelijk verantwoord ondernemen. Men kan hierbij bijvoorbeeld denken aan Van Melle, Levi Strauss en Johnson en Johnson. Voor deze producenten is het alleen maar prettig dat als gevolg van nieuwe eisen de concurrentie ook wordt gedwongen tot een minder exclusief economisch gemotiveerde handelswijze. Andere producenten maken hardhandig kennis met de macht van de consument, maken een transformatie door en kiezen vanuit een nieuwe identiteit expliciet voor een maatschappelijk verantwoorde opstelling. Shell is hier een mooi voorbeeld. Shell kreeg naar aanleiding van diverse affaires te maken met kopersstakingen en zelfs vernielingen van eigendom en besloot mede op grond hiervan expliciet te kiezen voor verantwoord ondernemen. Weer andere producenten proberen hybriditeit uit te buiten als competitief voordeel. Denk bijvoorbeeld aan de Triodosbank of de Fair Trade Shop.

Een laatste, grote groep stelt de nieuwe eisen ter discussie. De motivaties en argumentaties achter deze terughoudende, sceptische of afwijzende opvatting verschillen aanzienlijk. Een normatieve argumentatie die binnen deze groep wordt gehanteerd, wijst de hybriditeit niet zozeer af, maar plaatst er kant-tekeningen bij. Volgens de argumentatie van deze groep mogen consumenten zich wel als hybride burgers-consumenten gedra-gen, maar moeten ze bereid zijn te *betalen* voor de sociale en publieke eisen die ze als burger aan de producent stellen. Als ze die bereidheid *niet* hebben, belasten ze de producent op unfaire wijze. Anders gezegd: dan is hun gedrag hypocriet. Men heeft van allerlei prachtige idealen, maar anderen mogen voor de realisering ervan opdraaien. Ik noem deze stelling in het ver-volg de 'betalen-maar-stelling'. We komen deze stelling tegen-woordig overal tegen, vooral ook in het debat over duurzaam-heid en verantwoordelijkheid in de agroketen. Dit essay is erop gericht de betalen-maar-stelling in belangrijke mate te ont-krachten. Ik zal daartoe de stelling vanuit twee perspectieven onderzoeken: het neoklassieke economische perspectief en het politiek-theoretische perspectief. Ondanks al deze kritiek wil ik de betalen-maar-stelling toch niet helemaal verwerpen. Naar mijn mening kan de stelling verwijzen naar een juiste intuïtie omtrent het radicale karakter van maatschappelijk verantwoord ondernemen. Deze juiste intuïtie wordt duidelijk wanneer we de betalen-maar-stelling vanuit een derde perspectief, het poli-tiek-ethische, onderzoeken.

Het neoklassieke perspectief

Vanuit het neoklassieke perspectief bekeken, is de markt een sfeer waar producenten onder druk van concurrentie goederen maken. Voor het goed functioneren van de markt moet daar-bij de concurrentiedruk *maximaal* zijn. Alleen dan wordt het ideaal van de consumentensoevereiniteit bereikt. Gegeven het feit dat de mens volgens de neoklassieke traditie een econo-mische actor is die het liefst veel voor weinig krijgt, spreekt het vanzelf dat er zelfs in die situatie nog steeds een discrepantie bestaat tussen de wensen van de consument en de mogelijk-heden van de producent. De consument heeft het liefst alles voor niets. Deze onverzadigbaarheid is volgens het neo-klassieke perspectief ook geen slechte zaak: het houdt de producent scherp en gericht op innovatie. Het betekent immers dat producenten blijvend zoeken naar mogelijkheden om beter te voldoen aan de wensen van consumenten. Als de producent daarin slaagt, verkrijgt hij een competitief voordeel ten opzichte van zijn concurrenten en kan hij er misschien in slagen een aantal van hen uit de markt te drukken. Als dat lukt, is dat vanuit het economische macroperspectief niet erg of vervelend of immoreel. Het is rationeel en juist. De wonderlijke werking van de markt heeft zich dan opnieuw bewezen. Enerzijds doordat vanwege de marktwerking het handelen van bepaalde producenten nog beter is aangepast aan de wensen van de consument. Anderzijds doordat een aantal producenten dat het tempo van de markt niet meer kon bijhouden, uit de markt is gedrukt.

Wanneer we vanuit dit perspectief naar de betalen-maar-stelling kijken, dan wordt zij van de weeromstuit dwaas. Consumenten mogen te allen tijde nieuwe eisen formuleren en kunnen vervolgens geduldig of minder geduldig afwachten tot de markt zijn werk doet. Dit heet vertrouwen op marktwerking. De bereidheid van consumenten telkens meer te betalen voor de inwilliging van nieuwe eisen zou die marktwerking danig verstoren.

Het politiek-theoretische perspectief

Ook vanuit het politiek-theoretische perspectief moeten we de betalen-maar-stelling verwerpen. De stelling opent de poort tot een politiek en moreel verwerpelijk fatalisme. De stelling kan ons namelijk verleiden tot de politieke conclusie dat we nu eenmaal met z'n allen vastzitten in een *prisoner's dilemma*. Een bijbehorende redenering kan zijn: 'Wij producenten zijn misschien moreel gezien niet helemaal goed bezig, maar jullie consumenten hebben niet het morele recht daar iets van te zeggen, want jullie zijn niet bereid voor de verandering van ons gedrag te betalen. We leven in een imperfecte wereld en dat moeten we maar accepteren.'

Het is politiek en normatief belangrijk elke poging af te kappen die erop gericht is een dergelijke conclusie uit de betalen-maar-stelling te trekken. Ten eerste omdat een dergelijk fatalisme niet past bij het ideaal van een liberale democratie. Een fundamenteel axioma van dat denken is dat de samenleving moet worden gezien als een project dat voortdurend streeft naar verbetering. Het idee van menselijke vrijheid (en dus keuze) maakt die verbetering ook mogelijk, zij het soms heel langzaam.

In samenhang hiermee kan in de tweede plaats worden gesteld dat de fatalistische conclusie moreel onhoudbaar is. De betalen-maar-stelling maakt van 'verantwoordelijkheid' een (onderdeel van een) economisch goed waarvoor persoon A persoon B zou moeten betalen. Afgezien nog van het reeds gemaakte punt dat persoon A persoon B nooit *moet* betalen voor eisen die hij stelt, wordt hier het idee van verantwoordelijkheid ontologisch verkeerd geduid. Verantwoordelijkheid is geen economisch goed dat men kan kopen of verkopen op de markt. Verantwoordelijkheid is een moreel en dus niet-economisch facet van een economische transactie dat men buiten de koop als zodanig moet houden. Het is moreel onjuist verantwoordelijkheid te kopen of hiervoor geld te verlangen. Dit wordt meteen duidelijk wanneer we vanuit een andere context hier een voorbeeld bij geven.

Een makkelijke manier om baldadige jongeren te weren is ze te betalen voor net gedrag. Toch zal dit beleid voor veel mensen onbespreekbaar zijn, los van praktische problemen zoals een mogelijk aanzuigend effect op juist balorig gedrag. Het is verwerpelijk mensen te betalen voor zaken die we gewoon als medemens in de samenleving van hen mogen verlangen. Kortom, het idee überhaupt dat consumenten zouden moeten betalen voor verantwoordelijk gedrag van producenten is op logische gronden misplaatst. Wie zoiets zegt, maakt van ver-

antwoordelijk handelen een economisch commensurabele pre-
ferentie en daarmee begrijpt men de eigen aard van het normatieve handelen niet (zie hiervoor ook Sen, 1990).

Praktijk

Nu zal men wellicht kunnen tegenwerpen dat het bovenstaande
zonder enige kennis van de praktijk is neergeschreven. In de
praktijk is men er immers door schade en schande allang achter-
gekomen dat de neoklassieke theorievorming flink mis zat met
de gedachte dat maximale concurrentie zou leiden tot een zo
dicht mogelijke nadering van het idee van consumentensoevereiniteit. Concurrentie kan zo hevig worden dat ze alle
dan wel bepaalde vormen van innovatie doet verstikken (zie
Pigou, 1962). Dit, zo zou men kunnen tegenwerpen, is precies
wat er tegenwoordig in veel sectoren gaande is, bijvoorbeeld in
de agro-business. De producenten in die sectoren kunnen geen
verantwoordelijkheid nemen omdat de concurrentie te hevig is.
De extra kosten die verantwoordelijk ondernemersgedrag met
zich brengt, zijn op geen enkele manier terug te verdienen. In
een situatie waarin menig producent toch al met de rug tegen
de muur staat, helpt hij hiermee z'n eigen graf te graven. Elke
verantwoordelijke ondernemer is een failliete ondernemer, zo
luidt de conclusie van een dergelijke redenering.
    Ook zonder de praktijk te kennen, is het mogelijk een ant-
woord op deze stellingname te formuleren. De wetenschappers die zich wel over het probleem van ethiek en concurrentie hebben gebogen, stellen zonder uitzondering dat de aard
van publieke plichten mede wordt bepaald door de aard van de
markt. Voor sterk concurrerende markten gelden andere regels
dan voor minder sterk concurrerende markten. Maar de maatschappelijke verantwoordelijkheid wordt nooit tot nul gereduceerd. Homann (1994) en Baumol (1975) stellen bijvoorbeeld
dat producenten op een hevig concurrerende markt toch tenminste de plicht hebben de overheid en de samenleving ade-

quaat te informeren over de publieke kwesties die spelen in hun sector. Daarnaast hebben producenten in sterk concurrerende sectoren onder andere de verplichting publiekelijk aan te dringen op adequate wetgeving als, vanwege de concurrentie, individueel verantwoordelijk handelen niet tot de mogelijkheden behoort. Kortom, publieke verantwoordelijkheid nemen hoeft niet tot faillissement te leiden. Verantwoordelijk handelen betekent primair dat op een integere manier een inschatting wordt gemaakt van het soort markt waarin men opereert en zich vervolgens te houden aan de plichten die bij dat type markt horen.

Het politiek-ethische perspectief

Om de betalen-maar-stelling te evalueren, hanteren we als derde invalshoek het politiek-ethische perspectief op de vrije markt. Er zit een interessante assumptie verborgen in de gedachte dat consumenten zouden moeten betalen voor het verantwoordelijk handelen van producenten. Deze assumptie is dat de *billijkheid* een dergelijke bijdrage van consumenten gebiedt. Hierboven is gesteld dat verantwoordelijkheid niet te koop kan zijn. Dit gezegd hebbende, wil ik hier toch een nuance in de gedachtegang aanbrengen. Men kan namelijk beweren dat het billijk is consumenten te laten meebetalen voor *bepaalde concrete maatregelen* die voortvloeien uit een verantwoordelijke opstelling van een producent. Zo is het intuïtief niet onredelijk te menen dat consumenten en producenten tot een bepaalde verdeling van de kosten zouden moeten komen, wanneer op zich verantwoordelijk handelende producenten - al dan niet onder druk van consumenten - een bepaalde kostbare maatregel zouden willen nemen, die bijvoorbeeld het dierenwelzijn sterk ten goede zou komen.

De vraag waarvoor men in een dergelijk geval komt te staan is: hoe kunnen we de lasten van deze maatregel billijk verdelen over producent en consument? Wie moet welk deel van de kosten dragen? Deze vraag is met name interessant omdat we erdoor op het spoor komen van een fundamenteel probleem bij elke poging om van de vrije markt een hybride sfeer te maken. Het probleem is dit: het streven naar publieke verantwoordelijkheid in de vrije markt komt vroeger of later te staan voor het vraagstuk naar de billijkheid van prijsvorming op de markt. Deze vraag kan binnen een economische theorie beantwoord worden zolang prijzen verwijzen naar een andere maatstaf. Zo is de vraag naar de billijkheid van prijzen goed te beantwoorden binnen een theorie die uitgaat van de arbeidswaardeleer. Volgens de arbeidswaardeleer zijn prijzen uiteindelijk een uitdrukking van de kostprijs van een product in termen van arbeid (eventueel aangevuld met een bepaalde winstmarge). Deze standaard kan gebruikt worden om ook een moreel zinvolle maatstaf voor billijkheid te vinden. Volgens de moderne prijstheorie zijn prijzen echter alleen maar onderdeel van een zelf-refererend systeem. Ze verwijzen alleen zinvol naar andere prijzen, niet naar iets buiten dat systeem van prijzen (Robinson, 1978). Ze komen tot stand in een moreel gezien willekeurig spel van vraag en aanbod. Tegen deze achtergrond heeft het geen zin over de billijkheid van een onderdeeltje van die prijs te spreken. Dat is vergelijkbaar met de situatie waarin twee partijen op basis van een bittere oorlog komen tot een verdeling van de goederen van 20:80 en vervolgens besluiten om een vergeten item op basis van een ethische discussie te verdelen.

Dit punt is niet bedoeld als kritiek op producent of consument. Het is inderdaad noodzakelijk te spreken over de billijkheid van de verdeling van kosten die kunnen voortvloeien uit bepaalde maatregelen van verantwoordelijke producenten. De portee van dit punt is dat maatschappelijk verantwoord ondernemen radicale consequenties heeft. Het idee van maatschappelijk verantwoord ondernemen is niet zomaar in te passen in de huidige economische orde. Het vereist ten eerste een herijking van de *theorievorming* over de werking van de markt. Het voorbeeld rondom de prijsvorming illustreert dat. Maar maatschappelijk verantwoord ondernemen vereist ook grote en onverwachte veranderingen op het niveau van de *praktijk*. Opnieuw kunnen we daarbij kijken naar het voorbeeld van de prijsvorming.

Met de blik gericht op de morele status van prijsvorming op de markt lijkt een interessant verschil in beeld te komen tussen theorie en praktijk. Theoretisch gezien kunnen prijzen moreel niet worden beoordeeld. In de praktijk denken mensen daar anders over. Mensen koppelen zomaar allerlei morele noties aan prijzen. Zo zien mensen er geen been in te spreken van redelijke of onredelijke prijzen. Dit gegeven kan leiden tot de conclusie dat de poging een maat voor billijkheid te bedenken in de praktijk wellicht minder moeilijk zal zijn dan de theorie doet voorkomen. Toch hebben we ook in de praktijk niet te maken met een sinecure. Het denken van Drucker (1975) is hier relevant en illustratief. Volgens Drucker betekent maatschappelijk verantwoord ondernemen onder andere dat een producent inzicht geeft in de prijsvorming van zijn product. Als je niet voortdurend laat zien dat de prijs die je vraagt voor een product redelijk is, kan je ook niet verlangen dat een consument gaat meebetalen aan een bepaald onderdeel van het product dat als 'verantwoordelijk' in de etalage wordt gezet. Anders gezegd, producenten in de Nederlandse agribusiness roeren zich vooral als de oogst mislukt, als een ziekte uitbreekt of als 'verantwoord' moet worden gehandeld. Ze zijn veel stiller als de prijzen stijgen en een flinke winst wordt gemaakt. De vraag of al die winst wel billijk is, wordt niet gesteld. Maar waarom zouden de consumenten dan de producenten serieus nemen als de omgekeerde situatie zich voordoet? Als het idee van billijkheid door producenten alleen te berde wordt gebracht als van consumenten een offer wordt gevraagd, dan is een dergelijk beroep op billijkheid natuurlijk moeilijk serieus te nemen.

Conclusie

Op basis van deze analyse mag de conclusie worden getrokken dat er zware kritiek mogelijk is op de betalen-maar-stelling. De stelling is gebaseerd op een merkwaardige en onjuiste visie van zowel de markt als van het idee van verantwoordelijkheid. De stelling opent tevens de deur voor ongewenst en onhoudbaar fatalisme. Niettemin wijst de stelling, in aangepaste vorm, op bepaalde fundamentele theoretische en praktische problemen bij het vormgeven van maatschappelijk verantwoord ondernemen in de hedendaagse context. Maatschappelijk verantwoord ondernemen vereist een nieuw denken over en een nieuwe invulling van de vrije markt. Er lijkt bijvoorbeeld geen ontkomen aan het idee dat prijzen op de een of andere manier billijk of onbillijk kunnen zijn. Ten opzichte van de hedendaagse *theorievorming* op de markt is dat een revolutionair idee. Ten opzichte van de praktijk is de breuk ook aanzienlijk, maar toch wat minder groot omdat het idee van een billijke prijs intuïtief betekenis heeft.

Referenties

Baumol, W. (1975) 'Business responsibility and economic behavior'. In: M. Anshen (ed.) *Managing the socially responsible corporation*. London: MacMillan, pp. 59-74.

Drucker, P.F. (1974) *Management: Tasks, responsibilities, practices*. London: Heinemann.

Homann, K. (1994) 'Marktwirtschaft und Unternehmensethik'. In: S. Blasche et al., (eds.) *Markt und Moral: Die Diskussion um die Unternehmensethik*. Bern: Haupt, pp. 109-130.

Pigou, A.C. (1962 editie) *The economics of welfare*. New York: MacMillan.

Robinson, J. (1978 editie) *Economic philosophy*. Harmondsworth: Penguin Books.

Sen, A. (1990) 'Rational fools: A critique of the behavioral foundations of economic theory'. In: J.J. Mansbridge (ed.) *Beyond self-interest*. Chicago: University of Chicago Press, pp. 25-43.

Homo simplex

Kunnen consumenten iets meer dan eten?

Michiel Korthals

Voedselland kent een aantal bekende toneelkarakters, zoals de gemene boef in de persoon van de intensieve varkenshouder, het zielige slachtoffer gepersonifieerd door de legbatterijkip of de opgebonden zeug, en de redder in de nood in de persoon van de burger. De consument heeft in voedselland de rol van een sullig en beklagenswaardig figuur, die van het ene eet- moment wordt voortgejaagd naar het volgende, alsmaar op zoek naar zo goedkoop mogelijk, zo veel mogelijk en zo geest- dodend mogelijk voedsel onder de leus: 'eten en niet denken en niet willen weten'.

Zo schrijft *De Boerderij* van 29 januari 2002: "Hier openbaart zich het verschil tussen de burger en de consument. Als bur- ger spreekt hij zich nadrukkelijk uit voor streekproducten, maar eenmaal in de winkel verandert hij in een calculerende consument. Goedkoop gaat bij de meesten boven het betalen van een meerprijs voor een streekproduct." Wetenschappelijk onderzoek bouwt op dit beklagenswaardige karakter voort, zoals een onderzoek naar meningen van ongeveer twintig con- sumenten gepubliceerd in 'Eten, maar niet willen weten' (Aarts et al., 2001). Velen menen dat de burger de held is die ons van de ellende kan verlossen, die wél wil denken en weten, maar niet eet en die weer alles kan rechttrekken.

Het is een leuk toneelstuk, maar de rollen van consument en burger kloppen niet met de realiteit en zijn ook als con- cepten niet vruchtbaar. Het empirisch onderzoek dat het ver- schil tussen burger en consument probeert aan te tonen is niet valide. Het conceptuele apparaat dat aan dit empirisch onder- zoek ten grondslag ligt, klopt simpelweg niet. Ik zal eerst de historische achtergrond van het begrippenpaar consument en burger aangeven. Vervolgens zal ik betogen dat het onderscheid een conceptueel onderscheid is en empirisch niet aangetroffen kan worden. Daarna betoog ik dat er ten onrechte van wordt uitgegaan dat koopgedrag een adequate uitdrukking is van de prioritaire voorkeur van de consument. Er wordt bovendien aan voorbijgegaan dat markten bestaan bij de gratie van institutionele arrangementen en sociale contexten. Ten slotte zal ik het alternatief van de meer of minder politiek betrokken consument schetsen die verantwoordelijk handelt op basis van de implicaties van voedselkeuzen en ook daartoe door bedrijfsleven en overheid in staat wordt gesteld door een nieuwe vorm van consumentgericht ondernemen en voedselpolitiek.

Soevereiniteit en passiviteit

Het begrip burger is opgekomen in de achttiende eeuw, ten tijde van de Verlichting en het verzet tegen de absolutistische vorstendommen in Duitsland, Frankrijk en Engeland. Voor de vorsten en de feodale structuur die hen in stand hield, was er geen onderscheid tussen het beheer van hun private huishouding en daarmee verbonden huispersoneel en de besturing van de staat waar ze over heersten en de onderdanen. Hiertegen verzetten de burgers zich. Zij wensten gebieden van niet-inmenging, zoals het vrije economisch verkeer en het gezinsleven. Daarom riepen ze om burgerrechten, dat wil zeggen negatieve rechten, die burgers vrijwaarden van ingrepen door feodale heersers in hun persoonlijke levensstijl en in het economische verkeer (markt), zodat privé-leven en handel en productie niet door privileges, omkoperijen en onnodige belastingen werden verstoord. De negatieve rechten verbonden met het begrip burger, maken het dus mogelijk dat overheden een sfeer van handelen erkennen waarin burgers vrij zijn om te doen wat hun goeddunkt, zodat ze zich als consument op de markt kunnen opstellen of als politiek burger in verenigingen ter realisatie van gemeenschappelijke belangen.

Van groot belang bij deze redenering is het onderscheid tussen burger, handelend in de politieke sfeer, en consument, handelend op de markt. Traditionele liberale theorieën ontle-nen dit onderscheid aan Rousseaus onderscheid tussen bour-geois en *citoyen*, ofwel tussen *amour propre* en *amour de soi*. Dat wil zeggen, liefde georiënteerd op de relatie tussen ego en ande-ren en liefde georiënteerd op ego en zijn of haar eigen natuur-lijke behoeften (Rousseau, 1959). Op basis van dit onderscheid kan de consument (bourgeois) op de markt vrijelijk handelen volgens zijn of haar private voorkeuren en in de politieke sfeer gemeenschappelijk handelen en zijn of haar gemeenschappe-lijke voorkeuren ontwikkelen. De consument heeft een eigen publiek/privaat domein toegewezen gekregen waarin de gevol-gen van zijn of haar handelingen alleen hem of haar aangaan: de markt. Het niet-egocentrische begrip van *amour propre* wordt toegewezen aan het publieke domein van de politiek, waar burgers (*citoyens*) samenkomen en handelen op basis van burgerlijke soevereiniteit. In de rechtstheorie van Kant en die van Hegel wordt dit onderscheid verder uitgewerkt.

Volgens de traditionele liberale traditie van autonomie hebben consumenten op markten recht op informatie over voedingsmiddelen en op keuzemogelijkheden. Politieke of ethische kwesties horen daarentegen niet op de markt thuis, maar in de sfeer van de politiek. Immers, juist kenmerkend voor de feodaliteit was de normatieve bepaling van handel en productie. In het verlengde hiervan hebben overheden de taak te zorgen voor randvoorwaarden van productie via normstel-ling en bewaking. Voor het voedselsysteem betekent dit dat overheden moeten zorgen voor voldoende veterinaire en gezondheidsmaatregelen. De normstelling en bewaking gericht op de preventie van risico's is de taak van de overheid. Het recht op informatie is een van de goede redenen voor labeling. Zowel in algemene zin, als meer specifiek: consumenten heb-ben recht te worden geïnformeerd over de gezondheidsrisico's van voedingsmiddelen.

De egocentrische notie van consumentensoevereiniteit, gecombineerd met het corresponderende onderscheid tussen burger en consument kan ook worden gevonden in het werk van de Noorse politiek-filosoof Jon Elster (1997: 10):

"Het begrip consumentensoevereiniteit is alleen aanvaardbaar wanneer het betekent dat de consument kiest tussen handelwijzen die slechts verschillen in de manier waarop zij hem beïnvloeden. In politieke keuzesituaties echter wordt de burger gevraagd zijn voorkeuren uit te spreken over toestanden die ook verschillen in de manier waarop ze andere mensen beïnvloeden."

De consument wordt daarom gezien als een passief en onpolitiek wezen en de producent verschaft de verschillende handelingsmogelijkheden door creatief ondernemerschap, precies zoals Joseph Schumpeter (1961: 65) dat in 1911 op klassieke manier formuleerde:

"Het is (...) de producent die gewoonlijk economische verandering teweegbrengt en consumenten worden door hem opgevoed om nieuwe dingen te willen of dingen die in bepaalde opzichten verschillen van degene die hij tot nu toe gewend was te gebruiken."

Van belang is dus dat dit begrip van consument gekoppeld is aan een bepaalde opvatting van markt, waarin producenten een sturende rol spelen en consumenten met behulp van geld hun voorkeuren uitdrukken, maar verder passief zijn en geen invloed hebben op de vormgeving van de producten die op de markt verschijnen. Ook Greenpeace en andere critici van de markt en neoliberale globalisering brengen dit onderscheid meestal op dezelfde manier naar voren. Zij stellen bijvoorbeeld dat niet de consumenten in de supermarkt, maar de burgers in de politiek beslissingen dienen te maken: ze veronderstellen de neoliberale opvatting over de markt en de passieve consument. Vanuit dit uitgangspunt levert bijvoorbeeld Sunstein (2001) in zijn *Republic.com* kritiek op het begrip consumenten-soevereiniteit. Hij ontwikkelt het concept consumenten-tredmolen. Consumenten ziet hij als verspillers, als kortzich-tige wezens die de ene hype na de andere achternalopen, zich steeds opnieuw laten overhalen om weer een nieuwe compu-ter, televisie, audiotoren of keuken aan te schaffen. De moderne consumptiesociologie (Dagevos, 2003) ziet de consu-ment ook wel als een emotioneel beest dat van de ene naar de andere impulsaankoop springt.

Als consumenten zouden mensen zich dus volgens de libe-rale theorie niet bezig mogen houden met openbaar debat, noch met overleg over goederen en de wijze waarop produc-tieprocessen vorm worden gegeven. Binnen deze opvatting van consument (die dus alleen de mogelijkheid heeft iets al dan niet te kopen) zijn overigens nog allerlei nuances mogelijk. Zo kan er meer het accent gelegd worden op een zeer passieve consument, die voor alles en nog wat beschermd moet worden door overheid of bedrijfsleven of een meer alerte consument, die niet altijd in bescherming genomen hoeft te worden (Hirschman, 1970).

Problemen met het onderscheid

Heden ten dage staan de nette onderscheidingen tussen de rol-len van consument en burger en de structuren van markt en overheid zeer onder druk. Vele consumenten zijn zich ervan bewust dat de gerichtheid op kortetermijnwinst (een goedkoop product) schade oplevert over de lange termijn (zoals milieu-schade, of schade aan het eigen welzijn of dat van dieren). Consumenten denken dus niet 'hé, ik ben ook nog burger', maar zien dat voor hen als consument kortetermijnkeuzes in conflict kunnen komen met langetermijnkeuzes. Dan worden informatie, voorlichting en communicatie tussen producenten en consumenten over andere zaken dan alleen de prijs van groot belang. Thompson (1989) trekt hieruit de voor sommige liberalen wel erg vergaande consequentie van een dialoog tussen producenten en consumenten over risico's:

"Producenten in de landbouw moeten deelnemen aan de dialoog die leidt tot sociaal leren en sociale consensus over risico's en zij moeten bereid zijn bij te dragen met tijd en andere middelen om de positie van hun medeburgers te kunnen begrijpen en duidelijke uitspraken te doen over hun eigen positie."

Hoe dan ook, consumenten gedragen zich niet als consumenten, maar als consumenten-burgers op de markt. Elementen die volgens de liberale theorie uitsluitend aan de burger voorbehouden zouden moeten worden, worden nu door de consumenten uitgedragen en omgekeerd.

Op de voedingsmarkten geven vele consumenten uiting aan *consumer concerns* (Brom & Gremmen, 2000; Dagevos & Frouws, 2000; Korthals, 2001). Consumenten willen vlees van varkens, koeien en schapen die een goed leven gehad hebben; ze willen eieren van scharrelende kippen; ze willen dat boeren ophouden met het uitspoelen van nitraat en andere mineralen waardoor het water verontreinigd wordt; ze willen dat boeren in de ontwikkelingslanden faire kansen krijgen om hun leven voort te kunnen zetten, of ze willen dat het landschap niet aangetast wordt door grote silo's en uitgestrekte eentonige biljartvelden van hetzelfde groen. Actiegroepen zoals Varkens in Nood, Wakker Dier, of Gras en Wolken laten van zich horen en brengen op manifestaties veel mensen op de been. Vele consumenten zijn simpelweg niet tevreden met de passieve rol van alleen iets kunnen kopen of niet: ze willen invloed op datgene wat ze hoe dan ook moeten kopen, want eten moet je iedere dag.

Het onderscheid tussen burger en consument is een conceptueel onderscheid en kan empirisch niet worden aangetoond. Toch verschijnt er nog steeds empirisch onderzoek dat dit verschil tussen burger en consument probeert aan te tonen. Dit onderzoek is echter niet valide, want het conceptuele apparaat dat aan dit empirisch onderzoek ten grondslag ligt, klopt simpelweg niet. Daarom worden de verkeerde vragen gesteld en worden de antwoorden van de respondenten onjuist geïnterpreteerd. Verder is het onderzoek ook ethisch gezien niet erg zuiver omdat het naar mijn smaak consumenten indirect bekritiseert voor hun egoïstische koopgedrag. Zonder enig respect voor (en analyse van) de positie waarin consumenten verkeren worden ze uitgemaakt voor incoherente draaiers, die sociaal wenselijke antwoorden geven en als puntje bij paaltje komt, kiezen voor het grove geld en de beesten en het milieu laten stikken. Het koopgedrag is ingebed in een structuur van voedselproductie en -distributie die veel meer actoren kent dan alleen de consument. Het past daarom niet alleen de consument de zwartepiet toe te spelen voor de problemen in voedingsland. Je moet heel erg sterke argumenten hebben om je onderzoeksobject, de onderzochte consumenten, te bekritiseren. Die heeft men meestal niet.

Het onderscheid burger versus consument is zoiets als het onderscheid tussen de avondster en morgenster: er is slechts een en dezelfde Venus en de verschillende benamingen van avond- en morgenster slaan op haar en op niets anders. Burgers en consumenten vormen één en dezelfde mensensoort en die mensensoort verandert niet wanneer die op de markt of in het stemhokje staat.

Consumenten ontdoen zich niet van hun burgermotieven of hun burgeridentiteit in de supermarkt: we kunnen dan ook beter uitgaan van 'consumenten-burgers'. Wat wél verandert, afhankelijk van de sociale context, zijn de motieven, de sociale structuren en de verwachtingen. Paul Willis (1990: 21), die al jaren onderzoek doet naar de culturele aspecten van klassen en van jongeren in Groot-Brittannië, zegt het in zijn soms wat vreemde jargon als volgt:

"Mensen brengen levende identiteiten naar de markt en consumptie van culturele waren; tegelijk worden ze er ook door gevormd. Zij brengen ervaringen, sociale positie en sociale lidmaatschappen in tijdens hun ontmoetingen op de markt. Dus brengen ze ook de noodzakelijke creatieve symbolische druk, niet alleen om betekenis te geven aan culturele waren, maar gedeeltelijk via het zin te geven aan tegenspraak en structuur die zij ervaren op school, bedrijf of wijk en als leden van bepaalde gender, rassen, klassen en leeftijdsgroepen."

Mensen presenteren dus hun sociaal-culturele en politieke identiteit op de markt. Alleen de omstandigheden daar zijn soms zo, dat ze die identiteit niet altijd precies en duidelijk manifest kunnen maken.

Aankopen zijn nog geen voorkeuren

Er is nog een tweede probleem verbonden met de consumentistische opvatting van markt en koopgedrag. Het probleem is dat ten onrechte verondersteld wordt dat koopgedrag een adequate uitdrukking is van de prioritaire voorkeur van de consument. Hierdoor wordt aan het oog onttrokken dat markten bestaan bij de gratie van institutionele arrangementen en sociale contexten. Keuzen geopenbaard op de markt bij de aankoop van goederen zijn *niet* identiek aan de voorkeuren van de consumenten. Want de keuzen hangen af van de voorkeuren van de andere actoren en van de institutionele arrangementen en hoe de andere actoren omgaan met die institutionele arrangementen. Dus als ik een voorkeur heb die moeilijk op de markt uitgeoefend kan worden (al is het alleen maar omdat ik heel ver weg woon van een mogelijke aankoopplek), dan kan ik die prioritaire keuze niet tot uitdrukking brengen in mijn aankoopgedrag. Omgekeerd, als ik iets koop omdat het op de markt goedkoop en volop aanwezig is, dan hoeft deze aankoop nog niet identiek te zijn aan mijn prioritaire voorkeur.

Bij de aankoop op de markt ga ik er als koper van uit dat voldaan is aan bepaalde minimumeisen. Het is onredelijk van een koper te verwachten dat die van mening is dat hij zich slechts tegen meerprijs goederen kan verschaffen die aan de minimumeisen (welke dan ook) voldoen. Het behoort eenvoudig tot de taak van een producent goederen te produceren die voldoen aan minimumeisen. Welke deze minimumeisen zijn wordt opnieuw bepaald door de institutionele arrangementen en de brede sociaal-culturele context waarin de koper leeft. Wanneer ik een vliegticket koop, veronderstel ik dat de vliegtrip voldoet aan eisen van veiligheid. Wanneer een luchtvaartmaatschappij mij een hogere prijs wil laten betalen voor een gegarandeerd veiliger vlucht, dan is er iets fundamenteel mis met andere maatschappijen die minder rekenen of met het toezichtsorgaan van vliegreizen. Vanzelfsprekend wil ik die hogere prijs niet betalen want een luchtvaartmaatschappij hoort gewoon een veilig product te leveren. Hetzelfde geldt bij levensmiddelen: consumenten verwachten dat de producten voldoen aan eisen van veiligheid, dierenwelzijn en gezondheid. Ze willen producenten niet extra spekken voor iets waaraan de producten per definitie moeten voldoen. Een hogere prijs vragen voor een diervriendelijk product? Zijn er voldoende garanties dat de markt dat product daadwerkelijk levert? Waarom ondernemers die dieren kwellen, belonen door hen een dieronvriendelijk product voor een lagere prijs te laten leveren?

Dus alle kritiek op consumenten, dat ze inconsistent koopgedrag vertonen, is een onjuiste conclusie gebaseerd op onderzoekstechnieken die meestal te stomp en te bot zijn om de institutionele context van de prioritaire keuzen van consumenten te kunnen meten. Iemand die volgens genoemde onderzoeken als burger altijd dierenwelzijn wil bevorderen, maar nooit scharreleieren koopt, hoeft niet inconsistent te zijn, want deze persoon kan (bijvoorbeeld) simpelweg weinig vertrouwen hebben in het keurmerk van scharreleieren. Het vol-

staat dus niet in onderzoek 'burgers' naar hun ethische voorkeuren te vragen en 'consumenten' naar hun koopgedrag. We
moeten toe naar een sociaal-culturele opvatting van burger-
consumenten die erop gebaseerd is dat mensen een meer of
minder politiek perspectief hanteren bij hun aankopen op de
markt. Voordat ik hier nader op inga, moet ik eerst de achttiende-eeuwse illusie bestrijden dat de optimale markt vrij van
normen is (net als de consument in de door mij bekritiseerde
opvatting) en de relatie tussen normen en markten aan de orde
stellen.

Normen creëren markten

De achttiende-eeuwse en de hedendaagse aanhangers van de
vrije markt zien normen als vrijheidsinperkend. Ze menen dat
wanneer markten door normen worden gereguleerd in plaats
van door geld, de markt per definitie suboptimaal werkt.
Volgens deze gedachtegang horen consumenten en producenten zich op de markt niet met normen bezig te houden. Ik wil
hier laten zien dat markten altijd sociaal-culturele inbedding
behoeven én dat deze verder aangescherpt kan worden door
overheden (of consumenten-burgers), zonder dat per definitie
competitie wordt aangetast en efficiëntie op de lange duur ver-
nietigd.

Marktverdragen veronderstellen altijd impliciet of expliciet
bepaalde regels die de verwachtingen van de actoren bepalen.
Bijvoorbeeld dat men zich aan het contract zal houden of dat
de waar de afgesproken kwaliteit heeft. Markten zijn dus niet
vrij wanneer er helemaal geen beperkingen zijn. Deze onjuiste
vooronderstelling lag - hoe begrijpelijk ook - al ten grondslag
aan de traditionele liberale theorie in haar strijd tegen het feo-
dalisme. Markten zijn vrij afhankelijk van het soort beper
kingen. Regels die iets verbieden op markten beperken enerzijds mogelijkheden, maar geven anderzijds ruimte aan nieuwe
mogelijkheden. In die zin gaan alle beperkingen van marktge-

drag twee kanten op: zowel bepaald gedrag verbiedend als bepaald gedrag bevorderend.

Het verbod om onveilig voedsel te produceren bijvoorbeeld beperkt bepaalde marktpartijen, maar geeft consumenten mogelijkheden voor een langer leven. In tweede instantie geeft het verbod ook mogelijkheden aan fabrikanten die slimme manieren weten om veilig voedsel te produceren. De nieuwe regels scheppen dus in feite nieuwe groepen ondernemers (en consumenten) en nieuwe belangen. De kernvraag is dus niet of er al dan geen regels komen, maar wélke regels, en bovenal: welke groepen profiteren van de nieuwe regels en welke groepen zullen daarvan nadeel ondervinden?

Marktregulerende overheidsregels definiëren dus vrijheidsgraden voor sommige groepen en beperken de vrijheidsgraden van andere groepen. Volgens Bromley (1989: 141) is er een overheersende structuur van normen, conventies, regels, praktijken en wetten, die de keuzesets van individuen en groepen in een economie vormgeven of definiëren. In het verlengde van deze opvatting komt Bromley dan ook terecht tot de gedachte dat op markten niet alleen goederen verhandeld worden, maar ook institutionele regels, standaards en andere regelingen. De regels impliceren immers ook standaarden van goederen en diensten: ze worden gedefinieerd door de maatschappelijke instituties werkzaam op markten. Vanuit deze opvatting krijgt overheidsbemoeienis met markten, ethisch consumeren en ethisch ondernemen een heel andere betekenis dan in de liberale of neoliberale opvatting. Ze verstoren markten niet, maar kunnen nieuwe markten creëren.

Consumentenethiek en MVO

Ja, voedselconsumenten doen iets méér dan eten, zoals producenten méér doen dan levenmiddelen produceren. Beide groepen hanteren altijd al in meer of mindere mate ethische regels en kwaliteitsnormen. In het geval van voeding hebben we jaren van geringe publieke aandacht voor die regels en kwaliteitsnormen gehad. Het gevolg is een grote kloof van wantrouwen tussen consumentenverwachtingen en producentengedrag. Beide groepen weten niet meer wat men van elkaar moet verwachten en het traditionele onderscheid tussen consument en burger verduistert die onzekerheid alleen maar.

Ter overbrugging van deze kloof tussen producent en consument zou ik juist de consument-burger willen aanmoedigen zich meer met ethische kwesties van voedselproductie bezig te houden. Ondernemingen zou ik er op hun beurt toe willen aanzetten maatschappelijk verantwoord te ondernemen. Maatschappelijk verantwoord ondernemen (MVO) is niets anders dan de *bewuste* beleidsvorming in verband met maatschappelijke kwesties die onbewust altijd al op de markt plaatsvinden. MVO betreft derhalve niet een van buitenaf komende eis. De maatschappelijke neutraliteit, die bepleit wordt door degenen die zich tegen MVO keren vanuit de stellingname dat het tegen de logica van de waardevrije markt zou indruisen, is in de praktijk van het marktverkeer niet te handhaven.

Ongeacht of ze nu Greenpeace of Unilever heten, iedereen die nu uitgaat van het onderscheid tussen burger en consument staat in de hier bekritiseerde liberale traditie. Grote maatschappelijke ondernemingen proberen maatstaven van mensenrechten, vakbondsrechten, milieu-eisen en andere consumentenzorgen in hun beleid te verdisconteren. Dit is op geen enkele wijze in strijd met de logica van de markt. Ondernemingen zoals Starbucks (koffie), Shell en Unilever onderhandelen met non-gouvernementele organisaties (NGO's) over hun ethische codes. Wel kun je je hierbij de vraag stellen wat de invloed is van burgers-consumenten op deze NGO's. Een ander verhaal is de controle op deze beloften van de maatschappelijke ondernemingen, zodat de consumenten er zeker van kunnen zijn dat hier geen loze kreten geslaakt worden. In overeenstemming met hetgeen eerder is gezegd over de noodzaak van stevige controle-instituties hebben optimaal functionerende markten sterke toezichtorganen nodig (zie Brunkhorst

& Kettner, 2000), waarin consumentengroepen en andere belanghebbenden participeren. Het overheidsbeleid heeft daarbij de belangrijke taken onafhankelijke toezichtorganen te garanderen en een hedendaagse consumentenethiek aan te moedigen (zie verder Korthals 2002).

Referenties

Aarts, M.N.C., H.M. te Velde & C.M.J. van Woerkum (2001) 'Eten, maar niet willen weten: Veehouders en consumenten over de omgang met dieren in de veehouderij'. In: M.N.C. Aarts et al. & C. Hanning et al., *Hoe oordelen we over de veehouderij?*. Den Haag: Rathenau Instituut, pp. 21-114.

Brom, F.W.A. & B. Gremmen (eds.) (2000) 'Special issue: Food ethics and consumer concerns'. *Journal of Agricultural and Environmental Ethics*, 12, pp. 109-205.

Bromley, D.W. (1989) *Economic interests and institutions: The conceptual foundations of public policy*. New York: Basil Blackwell.

Brunkhorst, H. & M. Kettner (eds.) (2000) *Globaliserung und Demokratie*. Frankfurt a/M: Suhrkamp.

Dagevos, J.C. & J. Frouws (red.) (2000) 'Themanummer: Consumentenzorgen en de agrosector'. *TSL*, 15(2/3), pp. 49-119.

Dagevos, J.C. (2003) 'Sociaal-culturele dimensies van het voedingssysteem: voedsel in de optiek van een consumptiesocioloog'. In: N.J. Beun et al. (red.) *Sociaal-culturele aspecten van groene ruimte en voeding*. Den Haag: InnovatieNetwerk, pp. 13-46.

Hirschman, A.E. (1970) *Exit, voice and loyalty: Responses to decline in firms, organizations, and states*. Cambridge: Harvard University Press.

Korthals, M. (2001) 'Taking consumers seriously: Two concepts of consumer sovereignty'. *Journal of Agricultural and Environmental Ethics*, 14, pp. 201-215.

Korthals, M. (2002) *Voor het eten: Filosofie en ethiek van voeding*. Amsterdam: Boom.

Rousseau, J.J. (1959) *Oeuvres complètes*. Paris: Gallimard/Pléiade.

Schumpeter, J. (1961) *The theory of economic development*. Oxford: Oxford University Press.

Sunstein, C. (2001) *Republic.com*. Princeton: Yale.

Thompson, P.B. (1989) 'Values and food production'. *Journal of Agricultural and Environmental Ethics*, 2, pp. 209-223.

Willis, P. (1990) *Common culture*. Milton Keynes: Open University.

De mens is de mens een raadsel

Kleine verhandeling over mensen als burger-consument

Hans Dagevos

Zou hij een ziel hebben, vroeg hij zich af, deze man die zijn eigen verhaal weet te plooien om uiting te geven aan verschillende zielen? En
als hij verschillende zielen heeft, uit naam van welke zal hij dan spreken als hij me ooit de waarheid vertelt?

Umberto Eco, *Baudolino*. Amsterdam: Uitgeverij Bert Bakker, 2001: 48.

Discussies over burgers en consumenten simplificeren. Hoe
handig het ook is de complexiteit van mens en maatschappij
te vereenvoudigen, enkelvoudige (voor)beelden verhelderen
evengoed als ze versluieren. Nuances, finesses of complicaties
verdwijnen *uit* beeld zodra de mens als burger of als consument
wordt gepresenteerd. Sterker, uitsluiting en afbakening zijn
onontkoombaar voor het oproepen van een vereenvoudigd
mensbeeld. Bepalend voor de zeggingskracht van een beeld is
juist de kernachtig- of scherpzinnigheid waarmee een mens-
type wordt neergezet. Zodoende houdt de aantrekkingskracht
van een geschetst mensbeeld niet automatisch gelijke tred met
de volledigheid ervan. Beelden zijn daarom doorgaans illustratief of inspirerend en daarmee belangrijk.

Eenvoud en complexiteit van beelden in relatie tot hun ver-
helderende of verhullende kijk op mensen zijn onderwerpen
die aan bod komen in dit betoog. We komen te spreken over
het uit elkaar trekken en in elkaar schuiven van beelden van
de mens als burger en consument. Eerst nemen we een kijkje
in de deugdencatalogus van de burger en de consument.
Vervolgens komt aan de orde dat stereotypen van burgers en
consumenten minder uiteenlopend zijn dan veelal wordt aangenomen. Wat des burgers is blijkt overeenstemming te bezit-

ten met wat te boek staat als typisch voor de consument en vice versa. Dit wijst erop dat een mensopvatting waarin een divergerend dualisme tussen burger en consument centraal staat, een versimpeld beeld geeft. Immers, een onderscheid tussen burgers en consumenten ontkent de raadselachtige vervlochtenheid van de meervoudige persoonlijkheid van mensen. Deze rode draad van dit betoog wordt doorgetrokken naar de beleidspraktijk.

Als in beleid wordt uitgegaan van een kloof tussen burger en consument, ligt enerzijds oppervlakkigheid op de loer. In die zin dat niet verder wordt gekomen dan morele veroordelingen van consumenten dan wel te appelleren aan het burgerschap van mensen gevolgd door het delegeren van verantwoordelijkheden in hun richting. Anderzijds wordt de tegenstelling tussen burgers en consumenten gemakkelijk betekenisvoller geacht dan ze is. In die zin dat het bezien van burgers en consumenten als binair begrippenpaar geldt als een verklarende notie voor de raadselachtigheden in het doen en laten van mensen. Met deze interpretatie worden probleem en panacee echter door elkaar gehaald.

Het geveegde stoepje

Dat mensen zichzelf en anderen als burger of consument bekijken is niet zo vreemd. Beide mensbeelden staan immers op een sokkel in de hedendaagse samenleving.

Naarmate de jaren '60 van de vorige eeuw verder weg in de tijd zijn komen te liggen, is het beeld van de burger veranderd. Zijn gezicht en blazoen zijn opgepoetst, zogezegd. Burgerschap stond enkele decennia geleden eerst en vooral te boek als kleinburgerlijk met bijbehorende kleinerende kwalificaties als braaf, bescheiden, benepen, behoudend of betuttelend. Het beeld van de nuchtere (doe maar gewoon, dan doe je al gek genoeg), fatsoenlijke en propere (het geveegde stoepje en aangeharkte tuintje) Hollander domineert. Het beeld van de kneu-

terige, kleingeestige en (aan kerk, kabinet en koningin) gezagsgetrouwe burger past in een sociologische en culturele traditie
die badinerend van toon is (zie ook Aerts, 2002 voor nuances
en details). De bourgeois als risee tussen armetierige boeren
en avant-gardistische bohémiens in. Maar de minachtende visie
op de burger lijkt op zijn retour. De betekenis van het begrip
burger evolueert van een scheldwoord tot een geuzennaam; de
burgerzin is evenmin onveranderd gebleven.

Volgens het stereotype stond de burgerij eerder voor plichten dan voor rechten, voor *law and order* in plaats van *anything
goes*, voor spaarzucht in plaats van spilzucht, voor ijver in plaats
van ijdelheid, voor rationaliteit in plaats van emotionaliteit, of
voor verplichtende verantwoordelijkheden van de beschavings-
conventies in plaats van verworvenheden van de vrije wereld.
Wie echter het portret van de hedendaagse burgerman wil
schilderen, moet kleuren kiezen uit dit brede palet om de men-
gelmoes van karaktertrekken uit de verf te laten komen.

De modernisering van het burgerschap hangt samen met de
verandering van de relatie tussen overheid en burgers. Met de
nivellering van het hiërarchieke denken in de Nederlandse
samenleving is de vanzelfsprekendheid van het vertrouwen
van de burger in de overheid teloorgegaan. Gepaard hieraan
stellen burgers eisen aan de overheid vanuit de stelling dat vertrouwen moet worden verdiend. Eisen die er enerzijds uit
bestaan dat van overheidswege tal van zaken voor de burgers
worden geregeld ter bescherming tegen de gevaren die schui-
len in de open risicosamenleving waarin we leven. Anderzijds
wordt de assertieve burgerij tegelijkertijd het liefst zoveel mogelijk vrijgelaten het leven te leiden dat men wil leven. Er is weinig behoefte aan bestraffende vingertjes - in het bijzonder niet
in de eigen richting. Tot het karakter van de huidige burger
behoort tevens dat men snel verontwaardigd en gemakkelijk
ontevreden is, die onvrede ook koestert en/of zoekt naar mogelijkheden het onbehagen te ventileren (burgerlijke ongehoor-
zaamheid is geen contradictio in terminis meer). De veeleisende, zelfgenoegzame en calculerende burgers van tegen-

woordig zijn, kortom, ver verwijderd van hun naoorlogse voorzaten. Alhoewel. Het is mogelijk een rechte lijn te trekken tussen de voorvaderen uit de jaren '50 en hun tegenwoordige nazaten, aldus Bas Heijne (2003: 195): "Vijftig jaar emancipatie en bewustwording heeft tot resultaat dat juist de man die oproept tot herstel van normen en waarden, tegelijk een toonbeeld is van de Nederlander die zich niets meer laat vertellen."

Kijk op consumptie

Als mondigheid, 'eigen belang eerst' of extraversie connotaties zijn die aan de moderne burgerij kleven, dan zijn dit, opvallend genoeg, karakteristieken die traditioneel juist aan de mens als consument zijn toegeschreven.

De drie grote sociologen Karl Marx, Max Weber en Emile Durkheim hebben in deze hun bijdrage geleverd. Geen van allen heeft veel op met consumptie en consumenten. Voorzover ze zich überhaupt met consumeren hebben ingelaten, hebben ze er afkeurende gedachten over geuit. Marx brengt consumptie in verband met verspilling en uitbuiting, Weber zag consumptie als een inbreuk op de protestantse ethiek en Durkheim identificeerde consumptie met de maatschappelijke vervreemding die hij met zijn anomiebegrip tot uitdrukking bracht. Thorstein Veblen, aan wie door zijn *The theory of the leisure class* uit 1899 de eer toekomt aan de wieg te hebben gestaan van de sociologie van consumptie die de laatste tien jaar tot wasdom is gekomen, is net zomin een hartstochtelijk pleitbezorger van hetgeen hij bestudeert. Veblen staat uiterst kritisch tegenover de opzichtige consumptiepraktijken (*conspicuous consumption*) van de laat-negentiende-eeuwse nouveau riche (*leisure class*) (zie Ritzer, 2001: 203-221; Ritzer et al., 2001: 414). In de twintigste eeuw is het bijvoorbeeld Herbert Marcuse die in *One-dimensional man* uit 1964 de bevolking van de hoogontwikkelde industriële samenleving gereduceerd ziet tot makke schapen die zich even kritiekloos als onverzadigbaar laven aan consumentisme en commercie. De consument als deerniswekkende verslaafde...

Vervreemding en verdwazing, of andere pejoratieven om uitdrukking te geven aan de (morele) standpuntbepaling ten aanzien van consumeren en consumenten, komen we ook vandaag de dag nog tegen. Schilderijen worden vervaardigd met het portret van de consument als gekneveld en gemanipuleerd slachtoffer van het consumptiekapitalisme. We zien afbeeldingen van de tot koning gekroonde consument die pronkt met de nieuwe kleren van de keizer, symboliserend dat koning Klant net zo machtig is als de vorst in een constitutionele monarchie. Ook passeert de snel verveelde en volgevreten consument de revue, die van gekkigheid niet weet wat te doen met zijn geld en tijd vanuit de aanhoudende drang zich te pletter te amuseren. Dit zijn echter niet de enige visies op de inwoners van het moderne consumptieparadijs. Naast de spookbeelden van de in een kwaad daglicht gestelde consument, is er de presentatie van de consument als toonbeeld van vrijheid en blijheid; de consument als vleesgeworden climax van de liberale economie en democratie.

De kijk op consumeren en consumenten in de hedendaagse (consumptie)sociologie is doorgaans meer uitgebalanceerd: bewondering en bekritisering gaan hand in hand. Eveneens wordt erkend dat consumptie en haar beoefenaars van cruciale betekenis zijn voor het reilen en zeilen van het contemporaine maatschappelijke verkeer. Ongeacht of een macro-economisch of een individueel-psychologisch vizier wordt gebruikt, consumptie is zowel vitaal voor de groei en bloei van onze economieën als voor onze persoonlijke levensvreugde en eigenwaarde. De sociaal-culturele betekenis van consumeren en consumptiegoederen is nauwelijks te overschatten. In de consumptiemaatschappij ontlenen we onze identiteit in hoge mate aan de (merk)producten die we kopen, de plaatsen waar we consumeren of de waarden die bepaalde producten of consumptiepaleizen vertegenwoordigen. We vereenzelvigen ons niet alleen of zozeer met het beroep dat we hebben of de politieke partij waarop we stemmen, maar geven via ons consumptieve leven aan wie we zijn en waartoe we (willen) behoren (zie voor een (literatuur)overzicht, Dagevos, 2003). Kortom: *consumo ergo sum*.

Zo zien we dat, evenals de burger, ook de consument is opgestuwd in de vaart der volkeren en dat beiden een prominente plaats innemen in het moderne maatschappelijke leven.

Portretgalerij

Nadat zojuist is aangegeven dat de burger kwalificaties krijgt toebedeeld die aan de consument toebehoren, is vervolgens de vraag aan de orde of het omgekeerde eveneens van toepassing is. Dit blijkt inderdaad het geval.

Het idee van de consument als burger van de consumptiemaatschappij is aan te treffen in *The unmanageable consumer* van Yiannis Gabriel en Tim Lang uit 1995. In dit boek wordt de veelzijdigheid van de consument in negen gezichten weergegeven. Het laatste portret in de galerij is de consument als burger (*the consumer as citizen*). De consument laat zijn bewuste en maatschappijkritische gezicht zien. Het beeld is dat van de consument die er verantwoorde en visionaire handelswijzen op na houdt: langetermijnconsequenties voor medemens dan wel milieu worden betrokken bij het eigen consumptieve doen en laten. De consument kiest in de winkel zoals de burger in het stemhokje, waarbij niet slechts lusten maar ook lasten een rol spelen op basis van een moraliteit die breder is dan louter materialisme en egocentrisme. In het kader van de consument als burger besteden Gabriel en Lang ook aandacht aan de zogenaamde consumentenrechten (recht op informatie, keuzevrijheid, klachtmogelijkheden, veiligheid, waar voor je geld, en dergelijke), vanwege hun verwantschap met burgerrechten. In navolging van John F. Kennedy zijn het met name consumentenorganisaties die consumentenrechten definiëren en zich inspannen deze te beschermen. Het portret van de consument als burger is ook kleur te geven met het zojuist aangestipte gedachtegoed dat juist vanwege de betekenis voor mensen van consumptiegoederen en -gewoonten, ons consumeren naast een private aangelegenheid ook een publieke affaire is. Door consumptie laten mensen aan zichzelf en de buitenwereld zien waar ze voor staan.

Verschillende auteurs schetsen, zoals Gabriel en Lang, een geïntegreerd beeld van de burger-consument (zie bijvoorbeeld Beekman, 2001; Spaargaren, 2000). Hoe redelijk en realistisch dit ook is, redelijkheid en realiteit zijn erbij gebaat wanneer geen overdreven voorstelling van zaken wordt gegeven van de mate waarin consumptieve keuzes zijn gebaseerd op een burgerlijke grondslag. Met dit laatste bedoelen we dat bewust, betrokken en maatschappelijk verantwoord geconsumeerd wordt door in de eigen consumptieve leefstijl rekening te houden met de mogelijke gevolgen voor medemens, dier of milieu. De dominante determinanten van ons doen en denken zijn dan niet per definitie instantbevrediging, particulier plezier en profijt. Auteurs als Gabriel en Lang zijn evenwel weinig optimistisch dat de consument als burger sterk genoeg is om opgewassen te zijn tegen allerhande verleidingen en verlokkingen van de huidige, hedonistische consumptiecultuur die in belangrijke mate is (in)gericht op consu*meren* in plaats van 'consuminderen': "the consumer-citizen appears as a timid figure at the borders of contemporary consumption." (Gabriel & Lang, 1995: 186; zie ook Dagevos, 2001: 23 of Ritzer, 2001: 66).

Koopintentie en -gedrag

De marginale positie van de collectivistisch georiënteerde consument als burger maakt het makkelijk het onderscheid tussen burger en consument te benadrukken en steeds weer naar voren te brengen. Het dominante voorbeeld is dat mensen wel zeggen dat ze het beste voorhebben met de wereld om hen heen, maar dat ze geen bijbehorende daden bij het woord voegen. Meer in het bijzonder betreft het hier de geclaimde kloof tussen koopintentie en koopgedrag. Ter illustratie, het volgende citaat:

"Tegen een enquêteur zegt (...) de Nederlander best iets meer over te hebben voor een product dat sociaal verantwoord en milieuvriendelijk is geproduceerd. Maar eenmaal in de winkel speelt de macht der gewoonte een grote rol. Zonder enige bedenking pakt de klant het product waaraan hij gewend is, of kiest uiteindelijk toch voor het pak koffie met de laagste prijs." (Roozen & Van der Hoff, 2001: 134)

Dergelijke uitspraken accentueren juist de tweedeling tussen burger en consument. Het politiek correcte en sociaal verantwoorde worden exclusief gereserveerd voor de mens als burger en de mens als consument representeert het pragmatisme. Na het voorgaande herkennen we hierin de aloude archetypen. Er wordt voorbijgegaan aan de bovengeschetste beeldvorming waar burgers en consumenten in elkaar overvloeien en samensmelten.

Het aanzetten van de gespletenheid tussen mensen als burgers en consumenten is ook om andere redenen problematisch. Want is de burger die om prijsbewuste redenen gekant is tegen duurzame of diervriendelijke voedselproductie opeens een consument? Is de consument die EKO-eieren koopt of Max Havelaar-koffie dan plotseling een burger? Anders gezegd, het doet weinig recht aan mensen hen een uniform profiel te geven, gezien de rijkgeschakeerde wijze waarop ze zich presenteren en profileren in gefragmenteerde identiteiten.

Als we ons even beperken tot consumenten, dan geldt dat ze afhankelijk van het moment, de situatie of het product afwisselend 'principieel' of 'pragmatisch' boodschappen doen: de ene keer wordt op de centen gelet en de andere keer is het de kwaliteit van een product die doorslaggevend is, om een volgende keer plaats te maken voor gemak of voor de aankoop van biologische levensmiddelen. Consumenten beantwoorden daarmee aan uiteenlopende beelden, die dan ook beter worden gepositioneerd in een continuüm van consumentenbeelden dan in een concurrerend strijdperk van consumententypen. Temeer omdat consumenten zelf de variëteit in hun houdingen en handelingswijzen veelal allesbehalve als geforceerd of hypocriet ervaren. Weinig dingen zijn zo menselijk en vanzelfsprekend als een *Gestalt-switch* in en tussen ons denken en doen. We mogen dit raadselachtig vinden en er soms vertwijfeld, verbijsterd of verontwaardigd over zijn, de nodige voorzichtigheid is geboden als het erom gaat de aanduiding schizofrenie of inconsistentie te gebruiken. Dergelijke kwalificaties impliceren immers een abnormaliteit, terwijl eerder het tegenovergestelde aan de orde is.

Twee zielen

Dat de mens van nature een deelbaar wezen is, is een gedachte die ook in het postmoderne denken benadrukt wordt. *Zwei Seelen wohnen in meiner Brust*, aldus verwoordde Goethe de gespletenheid van de menselijke aard. Umberto Eco varieert op deze woorden in het bovenstaande motto en de socioloog Zygmunt Bauman is aan te wijzen als een exponent van het postmodernisme waarin de meervoudige identiteit van mensen centraal staat. Bauman (1998: 53): "het opvallendste kenmerk van het zogenaamde 'individu' (letterlijk: ondeelbare eenheid) is immers juist zijn ongelooflijke deelbaarheid." De burger-consumenttegenstelling mag weliswaar in lijn zijn met de gespletenheid van het menselijke doen en laten, het blijft de vraag of een dergelijke tweespalt niet meer kwaad dan goed doet.

Deze vraag laat zich ook nadrukkelijk stellen wanneer dit conceptuele onderscheid ongewijzigd wordt gehanteerd in de beleidspraktijk. Zojuist zijn al nadelen genoemd van het onvoldoende oog hebben voor de vervlochtenheid van mensen als burger en consument of de geïmpliceerde onnatuurlijkheid tus-

sen wat mensen zeggen te vinden en hun daden. In de beleidspraktijk resulteert dit er bijvoorbeeld in dat soms met nauwelijks verholen verontwaardiging wordt geconstateerd dat
voedselconsumenten absoluut veilig voedsel wensen, terwijl
ze op andere terreinen allerhande risico's (voor lief) nemen.
Een andere uitspraak die wel wordt gedaan is dat van overheidswege de beleidsaandacht gericht dient te zijn op burgers
en dat consumenten buiten het beleidsdomein vallen (als de
beleidsdiscussie hierna al niet stokt worden consumenten vervolgens toebedeeld aan het bedrijfsleven, dat op zijn beurt een
omgekeerde claim legt: consumenten zijn ons pakkie-an en
burgers behoren toe aan de overheid).

Voorbeelden van onderwerpen die bij het maken van zulke
(morele) veroordelingen en vooronderstellingen onderbelicht
blijven, zijn het achterhalen van welke risicospreiding mensen
hanteren ten aanzien van voeding en voedselconsumptie. Of
hoe het gesteld is met de consumentenacceptatie van risico's
als consequenties en keuzes met betrekking tot het opvoeren
van voedselveiligheid in productie en consumptie over het
voetlicht worden gebracht. Wanneer we daar wel aandacht voor
hebben, komt er licht op de waarde - financieel of moreel - die
risicoreductie rond voeding heeft voor mensen. Kwesties die
dan centraal komen te staan zijn bijvoorbeeld wat mensen over
hebben voor voedsel(veiligheid) dan wel welke factoren of
omstandigheden bepalen dat er (g)een overgang wordt gemaakt
naar bepaalde gedragsalternatieven. Aanscherping van de antwoorden op vragen als deze is nodig om een scherpere blik te
krijgen op de (modernisering van) mogelijkheden en maatregelen die beleid inzake voedsel(veiligheid) ten dienste staan.

De thematiek van burgers en consumenten kán hierbij van
dienst zijn. Maar dan dient deze wel zodanig aangewend te
worden dat een stap vérder is te zetten. Dit betekent dat de con-
centratie wordt gelegd op de *dynamiek tussen* het beeld van de
mens als burger en dat van de consument. Deze benadering
richt zich primair op het zoeken en aftasten van argumenten,
motieven en omstandigheden waaronder mensen de overgang

maken van de gedefinieerde burgerrol naar de prototypische consumentenrol en vice versa. Daarbij zouden onderzoekers en beleidsmakers zowel moeten letten op de individuele betekenis als op de bovenindividuele spelregels van sociale gedragspraktijken en routines die het voedselconsumptiegedrag structureren. In het kader van beleidsvernieuwing houdt dit in dat wordt nagegaan in welke mate en hoe burgers-consumenten toegang kunnen en willen krijgen tot besluitvorming in de voedselketen.

Dergelijke exploraties gaan voorbij aan het - in de beleidswereld levende - idee dat het gekloofde mensbeeld een antwoord biedt op het vraagstuk van houding en handelen. Hoewel praten in termen van de tegenstelling burger versus consument is te bestempelen als discussiëren over het verschil tussen houding en handelen in andere woorden, voegen de bewoordingen op zichzelf *niets* toe aan de verdieping van het begrip over deze problematiek, die behoort tot de meest complexe op het terrein van gedrag.

Overschatting van de zeggingskracht van de beeldvorming over de mens als burger of consument ligt gemakkelijk op de loer. Voor deze actuele mensbeelden geldt hetzelfde als voor alle beelden die in het (verre) verleden zijn gemaakt: ze zijn eerst en vooral beeldend en kunnen tot de verbeelding spreken, zonder dat ze vanzelf de onderliggende mechanismen van het menselijke doen en laten systematisch in kaart brengen. Hun conceptuele of praktische waarde is erin gelegen dat ze behulpzaam zijn in het aanbrengen van onderscheid en het scheppen van orde in 'de grote onoverzichtelijkheid'. Hoe belangrijk mensbeelden dus ook zijn, de waarde ervan kent zijn beperkingen. Wie dit uit het oog verliest, ontgaat het dat verbeeldingskracht en verklaringskracht weliswaar verwant zijn, maar niet hetzelfde zijn.

Het gebruik van het begrip burger of consument om een eendimensionaal mensbeeld op te roepen, leidt tot gezichtsbedrog. Vruchtbaarder is het om het mensbeeld van de burgerconsument toe te voegen aan de rijke traditie van geconstrueerde mensbeelden en het vervolgens in dienst te stellen van het inzichtelijk maken van het meest intrigerende, fascinerende én realistische mensbeeld dat we hebben: het beeld van de mens als raadsel. Om J. Sperna Weiland (1999: 369) het laatste woord te geven: "Beelden ontstaan en op een dag zijn ze stuk, *het* beeld is er niet, de waarheid over de mens zullen we nooit kennen, wij kijken, om met Paulus te spreken, in een beslagen spiegel, 'in raadsel'."

Referenties

Aerts, R. (2002) 'De erenaam van burger: Geschiedenis van een teloorgang'. In: J. Kloek & K. Tilmans (red.) *Burger: Een geschiedenis van het begrip 'burger' in de Nederlanden van de Middeleeuwen tot de 21ste eeuw*. Amsterdam: Amsterdam University Press, pp. 313-345.

Bauman, Z. (1998) *Leven met veranderlijkheid, verscheidenheid en onzekerheid*. Amsterdam: Boom.

Beekman, V. (2001) *A green third way?: Philosophical reflections on government intervention in non-sustainable lifestyles*. Wageningen: Wageningen Universiteit.

Dagevos, J.C. (2001) 'Consumeren en 'consuminderen': Waar zit de energie voor de toekomst?'. In: F. Brouwer & P. Berkhout (red.) *De klimaatdimensie van voedsel en groen: Opties voor vermindering van de emissies van broeikasgassen*. Den Haag: LEI, pp. 21-36.

Dagevos, J.C. (2003) 'Sociaal-culturele dimensies van het voedingssysteem: voedsel in de optiek van een consumptiesocioloog'. In: N.J. Beun et al. (red.) *Sociaal-culturele aspecten van groene ruimte en voeding*. Den Haag: InnovatieNetwerk, pp. 13-46.

Gabriel, Y. & T. Lang (1995) *The unmanageable consumer: Contemporary consumption and its fragmentations*. London: Sage.

Heijne, B. (2003) *Het verloren land: Opmerkingen over Nederland*. Amsterdam: Prometheus.

Ritzer, G. (2001) *Explorations in the sociology of consumption: Fast food, credit cards and casinos*. London: Sage.

Ritzer, G., D. Goodman & W. Wiedenhoft (2001) 'Theories of consumption'. In: G. Ritzer & B. Smart (eds.) *Handbook of social theory*. London: Sage, pp. 410-427.

Roozen, N. & F. van der Hoff (2001) *Fair trade: Het verhaal achter Max Havelaar-koffie, Oké-bananen en Kuyichi-jeans*. Amsterdam: Van Gennep.

Spaargaren, G. (2000) 'Milieurisico's, voedselketens en consument'. In: J.C. Dagevos & J. Frouws (red.) 'Themanummer: Consumentenzorgen en de agrosector'. *TSL*, 15(2/3), pp. 88-97.

Sperna Weiland, J. (1999) *De mens in de filosofie van de twintigste eeuw*. Amsterdam: Meulenhoff/Kritak.

Duurzaam consumeren of ecologisch burgerschap?

Gert Spaargaren

Uit eigen ervaring weten we dat ons gedrag als consument niet altijd spoort met de opvattingen die we er als burger op na houden. We willen graag gezond en goed geproduceerd voedsel, maar eenmaal in de winkel letten we bij onze voedselaankopen graag op de kleintjes. Als verklaring of rationalisering voeren we dan aan dat 'het vlees nu eenmaal zwakker is dan de geest', dat we 'geen andere keuze hadden' of dat we 'écht mee zullen gaan doen wanneer anderen ook eens een eerste stap zetten'. Gedragswetenschappers zijn vanuit hun onderzoek maar al te bekend met deze inconsistenties in het alledaagse leven en de bijbehorende typen van reacties. Zij hebben er vanuit verschillende disciplinaire invalshoeken hun licht op laten schijnen. Waar de econoom het gedrag van de *free rider*, *prisoner's dilemma's* en na-u-effecten bij voorkeur te lijf gaat met een variant van de rationele keuzetheorie, probeert de sociaal-psycholoog de discrepantie tussen houding en gedrag te verklaren met de meest recente versie van het attitude-gedragmodel en worstelt de socioloog met overlappende sociale rollen of posities die het gevolg zouden zijn van de verschuivende verhoudingen tussen markt, staat en *civil society*.

In dit essay wordt geïllustreerd hoe in theorieontwikkeling en onderzoek rond consumentengedrag serieus aandacht besteed kan worden aan de hierboven gesignaleerde dilemma's. Daarbij worden twee aparte deelvragen besproken. Ten eerste de relatie tussen houding en gedrag (de eerste variant van 'zeggen en doen'). Ten tweede de wisselwerking tussen ons gedrag in de burgerrol en ons gedrag in de consumentenrol (de tweede variant van 'zeggen en doen').

De (ontbrekende) relatie tussen houding en gedrag wordt opgevat als een probleem dat zich vooral manifesteert binnen een bepaalde onderzoekstraditie: de attitude-gedragschool. In de eerstvolgende paragraaf gaan we kort in op de tekortkomingen van het attitude-gedragmodel. Dit wordt gevolgd door de presentatie van een alternatief conceptueel model, op basis waarvan onderzoek naar consumentengedrag kan worden gedaan dat veel minder kwetsbaar is voor het probleem van de discrepantie tussen houding en gedrag. Bovendien kan het preciezer benoemen wat we eigenlijk bedoelen als we het thema van de normen en waarden of de houding 'achter' ons gedrag ter sprake brengen.

De tweede variant van zeggen en doen - onze (veelbelovende) opvattingen als burger enerzijds en ons teleurstellende aankoopgedrag als consument anderzijds - is in veel mindere mate een theoretisch of analytisch probleem, maar veeleer een gevolg van recente ontwikkelingen in de moderne samenleving. Het is, met andere woorden, een dilemma dat typisch is voor onze tijd en vanwege zijn relatief nieuwe karakter nader onderzoek en reflectie vanuit de sociale wetenschappen verdient. Er zitten niet alleen negatieve maar ook positieve en uitdagende kanten aan dit dilemma. Deze zijn zichtbaar in nieuwe vormen van inspraak en betrokkenheid bij ontwikkelingen in de markt. Of in nieuwe manieren van kijken naar en omgaan met het gedrag van overheden.

Houding, gedrag en onvoorspelbaarheid

De in consumentenonderzoek gesignaleerde discrepantie tussen houding en gedrag is vrijwel rechtstreeks herleidbaar tot de dominantie van sociaal-psychologisch gefundeerde theorieën van gedrag. Deze theorieën bestuderen het menselijk gedrag primair in relatie tot de sets van normen en waarden die individuen erop na houden. 'Opvattingen leiden tot gedrag', zo zou men in het kort dit paradigma kunnen samenvatten. Mensen met een gereformeerde overtuiging vertalen die overtuiging in een levensstijl waarbij zij niet alleen elke zondag naar de kerk gaan, maar ook voor hun dagelijks brood bij voor-keur de gereformeerde bakker bezoeken. Zo ook: mensen met een hoog milieubewustzijn gaan als het even kan op de fiets naar het werk en kopen hun biologisch voedsel bij de natuur-winkel.

In lijn met deze voorbeelden is binnen het milieuonderzoek in Nederland lang gewerkt met theorieën die het primaat leg-gen bij het 'cultuuraspect' van het handelen. Door normen en waarden, oftewel het milieubesef, te meten zou men het gedrag kunnen voorspellen. De verwachting was dat mensen met een laag milieubesef zich op allerlei domeinen (afvalscheiding, waterbesparing, autogebruik) minder milieuvriendelijk zouden gedragen dan mensen met een hoog milieubesef (Ester & Van der Meer, 1979; Nelissen et al., 1987).

Na een groot aantal jaren onderzoek binnen het attitude-gedragparadigma kan worden geconcludeerd dat in het alge-meen gesproken 'houding' geen goede gedragsvoorspeller is. Een zeer hoog milieubesef vertaalt zich maar zeer ten dele in milieuvriendelijk gedrag. Als reactie op deze nogal teleurstel-lende resultaten begint een aantal onderzoekers met de ont-wikkeling van een nieuw theoretisch perspectief dat aansluit bij vernieuwingen die in de algemene sociologie in de jaren '80 plaatsvonden. Kern van deze vernieuwing was ten eerste dat de verhouding tussen redenen, motieven, attituden enerzijds en feitelijk vertoond gedrag anderzijds op een heel andere wijze benaderd ging worden. Ten tweede dat de verhouding tussen gedrag en structuur in een nieuw daglicht kwam te staan.

Redenen, motieven en gedrag

In de structuratietheorie van de Britse socioloog Anthony Giddens krijgen gedragspraktijken het primaat, en worden motieven en redenen van individuele actoren beschouwd als zijnde ingebed in deze alledaagse routines (Giddens, 1979; 1984). Deze inbedding is zodanig dat lang niet alle gedrag voortdurend op discursief niveau 'bewust' wordt aangestuurd door actoren vanuit hun reflexieve bewustzijn. De meeste met alledaags gedrag verbonden regels en normen worden vanuit het 'praktisch bewustzijn' gehanteerd - te vergelijken met wat we in het alledaagse taalgebruik 'de automatische piloot' noemen. Zij worden door actoren niet 'reflexief gekend' en zijn in die zin ook niet 'rechtstreeks' of onbemiddeld zichtbaar en meetbaar voor zowel onderzoekers als de betrokkenen zelf. Veel alledaags gedrag is praktisch gestuurd, routinematig gedrag: we weten *how to go on in daily life* - hoe te winkelen, koken, reizen, communiceren en sporten - zonder dat wij ons voortdurend expliciet bewust zijn van de redenen en motieven die ten grondslag liggen aan al die kleine en grote keuzes die daarbij in het geding zijn. Pas wanneer de routinematige handelingsstroom intentioneel wordt doorbroken, bijvoorbeeld wanneer we door een onderzoeker, een buurvrouw of collega op het hoe en waarom van bepaalde routines worden ondervraagd, schorten we de vanzelfsprekendheid van onze handelingsroutines (tijdelijk) op en gaan we (gezamenlijk) op zoek naar 'passende' rationalisaties. Dat wil zeggen, naar redenen en motieven die tegen de achtergrond van die specifieke handelingssituatie door onszelf en onze omgeving als geldige normen en waarden worden geaccepteerd. In vergelijking met het attitude-gedragmodel wordt de situatie dus 180 graden gedraaid: niet eerst de bewuste houding en dan het beredeneerde gedrag, maar eerst het routinematige gedrag en dan de (ten dele bewust gemaakte) houding.

Een van de consequenties voor de praktijk van het gedragsonderzoek is dat de bekende grondvorm van het grootschalige, representatieve survey letterlijk aan 'betekenis' inboet. Het gaat niet langer aan om met behulp van een reeks losse gedragsitems - afkomstig uit verschillende domeinen (fles of pak kopen, auto of fiets gebruiken, vers- of diepvrieskoken, et cetera) - eerst de individuele milieuhouding of het individuele milieubesef wetenschappelijk vast te stellen, om vervolgens het causaal daarmee verbonden gedrag of gedragspatroon te kunnen voorspellen. We moeten in plaats daarvan op zoek naar methoden die ons meer rechtstreeks informeren over de aard van het gedrag zelf, over de gedragspraktijken of routines die groepen van mensen met elkaar reproduceren wanneer zij aan het sporten, winkelen of koken zijn. Participerende observatie en focusgroepen zijn voorbeelden van dergelijke, meer rechtstreekse, vormen van toegang tot gedragspraktijken.

Tussen actor en structuur: gedragspraktijken

Een tweede belangrijke vernieuwing in de sociologische theorievorming rond het menselijk gedrag in de jaren '80 was het doorbreken van het dualisme tussen micro- en macrostudies (Giddens, 1984). Tot in de jaren '80 was er een sterke scheiding tussen microstudies, die de wereld compleet reconstrueerden vanuit de subjectiviteit van de individuele actor, en macrostudies, die individueel gedrag in het geheel niet relevant vonden voor het begrijpen en verklaren van de 'grote maatschappelijke verbanden'. Deze scheiding, dit dualisme, is door Giddens (1984) doelbewust doorbroken met de slogan "decentring the subject, but recovering subjectivity". Giddens' oplossing voor het probleem was en is: kies als eenheid van analyse niet langer uitsluitend en vanzelfsprekend voor het individu, maar hanteer als eenheid van analyse de door het individu met anderen *gedeelde gedragspraktijken* als de beste ingang tot het begrijpen en analyseren van samenleving en menselijk gedrag.

De door meerdere individuen gedragen gedragspraktijken zijn in tijd en ruimte gestructureerd en hebben een recursief karakter, dat wil zeggen ze zijn herkenbaar door een 'vast' tijdruimtepatroon. 'De wekelijkse boodschappen doen' is een mooi voorbeeld van zo'n gedragspraktijk. Deze praktijk omspant alle deelhandelingen van boodschappenlijst maken, autorijden en parkeren, karretje halen, lege flessen inleveren, winkelwagen volladen, in de kassarij staan, tot het deponeren van de boodschappen in de achterbak van de auto en het thuis opbergen van de boodschappen. Waar de individuele variatie op dit patroon schier eindeloos is, doet deze variatie geen afbreuk aan het feit dat het patroon van handelen voor veel mensen herkenbaar is. De manier waarop huishoudens in Nederland met voedsel omgaan kan op deze manier uiteengezet worden in voor voedsel kenmerkende gedragspraktijken. Een aantal gedragspraktijken, zoals boodschappen doen, kokkerellen of moestuinieren (zie figuur 1), laten zich onderzoeken op het niveau van de boven-individuele spelregels of structurele elementen die bij de betreffende praktijken horen, als op het niveau van de betekenis van (deelname aan) die specifieke praktijken voor de afzonderlijke individuen. Aan de hand van figuur 1 kan nu de eerste variant van het dilemma van 'zeggen en doen' - het vraagstuk van houding en gedrag - zorgvuldiger beantwoord worden door het dilemma uiteen te leggen in meerdere, van elkaar te onderscheiden, typen van vragen.

ACTOREN - - - - - - - - - - SOCIALE PRAKTIJKEN - - - - - - - - - STRUCTUREN

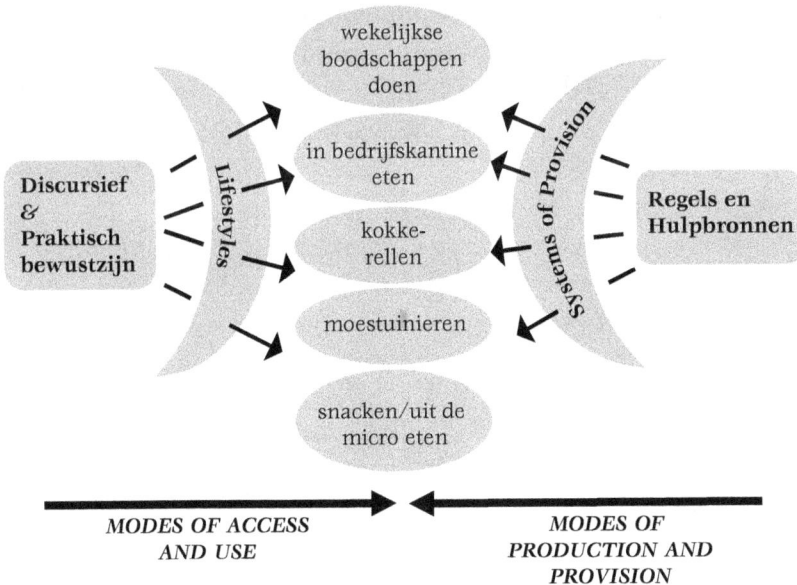

wekelijkse boodschappen doen

in bedrijfskantine eten

kokkerellen

moestuinieren

snacken/uit de micro eten

Discursief & Praktisch bewustzijn

Lifestyles

Systems of Provision

Regels en Hulpbronnen

MODES OF ACCESS AND USE

MODES OF PRODUCTION AND PROVISION

Figuur 1 – Gedragspraktijken tussen actor en structuur.

Wat onderzoeken rond 'houding en gedrag'?

Als de actor ('*agency*') en de 'subjectieve kant van gedrags-praktijken' centraal staan, laten zich drie soorten vragen onderscheiden. Ten eerste is er het cluster van vragen rondom het bewustzijn van gedrag: in hoeverre zijn we ons discursief (tussen de oren) bewust van de regels die we toepassen wanneer we de wekelijkse boodschappen doen of kokkerellen? Op welke wijze kan dat gedeelte van het gedrag dat vanuit het praktisch bewustzijn wordt verricht het beste discursief gemaakt worden? Dit soort vragen sluit goed aan bij de klassieke sociaal-psychologische traditie van onderzoek naar consumentengedrag en hoort daar ook thuis.

Ten tweede is er een serie onderzoeksvragen gericht op de leef- of levensstijlen van individuen of groepen van individuen. Leefstijlvragen, die voor zowel marketeers als sociologen bijzonder interessant zijn, betreffen zowel de 'morfologische kant' van leefstijlen (hoe ziet een leefstijl er aan de buitenkant uit, hoe wordt die buitenkant inzet van een distinctiespel of 'klassenstrijd') alsook de interne dynamiek van de leefstijl (hoe verhoudt het gedrag op een bepaald onderdeel of segment van de leefstijl zich tot het gedrag in een ander segment; wat bevordert en wat remt het optreden van zogenoemde 'spill-over-effecten' van het ene naar het andere leefstijlsegment? (Thogersen & Olander, 2001))

Ten derde is er de vraag naar de determinanten van (het veranderen van) consumentengedrag. Dit is de klassieke vraag die beleidsmakers interesseert, maar die tot nu toe vanuit de gedragswetenschappen maar voor de (micro)helft wordt beantwoord. Voor een vollediger antwoord is het van belang verder te gaan dan het microniveau van de determinanten van individueel gedrag door de invloed van structuur op het handelen te onderzoeken op het niveau van gedragspraktijken. Het potentieel om te komen tot verandering van het gedrag van groepen van consumenten verschilt per gedragspraktijk en kan ook het beste op het niveau van gedragspraktijken onderzocht worden omdat de verschillen op het analyseniveau van gedragspraktijken beleidsmatig interessanter zijn dan de verschillen op het niveau van individuen. Ook de klassieke vraag van de relatieve (on)macht van het individu om aan gedragsverandering bij te dragen (vragen rondom de *commons*, *free riders* of rationele actoren) is het beste op het niveau van gedragspraktijken te specificeren.

Bij het beantwoorden van dit laatste type van vragen komt vooral de structurele dimensie van gedrag en gedragspraktijken in beeld en wordt het accent gelegd op de rechterkant van het schema in figuur 1. De vraag naar de relatieve (on)macht van de burger-consument vertaalt zich theoretisch gezien in de vraag naar de relaties van autonomie en afhankelijkheid tussen de groepen van actoren die betrokken zijn bij het veranderen of reproduceren van de spelregels en hulpbronnen die bij een gedragspraktijk horen. Wie spelen een rol in de bewaking van onze voedselveiligheid of in de keuze van versverpakkingen en welke hulpbronnen hebben zij ter beschikking om besluitvorming rond deze thema's in hun richting te beïnvloeden?

De conclusie ten aanzien van de eerste variant van het houding-gedragdilemma is dat hier meerdere vragen tegelijk in het geding zijn, die theoretisch goed moeten worden uitgesorteerd. De subjectieve dimensie van consumentengedrag is een te interessant terrein om gereduceerd te worden tot slechts een deelvraag, namelijk de mate van 'bewustzijn' van het gedrag door individuen. Minstens zo interessant zijn de vragen naar de interne dynamiek van leefstijlen en de vraag naar de relatieve (on)macht van de burger-consument.

Burgers en consumenten

De tweede variant van het dilemma van 'zeggen en doen' wordt meestal maar in één vorm ter discussie gebracht wanneer het gaat over duurzamer (voedings)gedrag van mensen: als burger zouden mensen een voorkeur kenbaar maken voor een hoge milieukwaliteit en een zo laag mogelijk milieurisico, terwijl diezelfde mensen in hun rol van consument vervolgens andere factoren (vooral de prijs) de doorslag laten geven. Deze formulering van het dilemma van zeggen en doen belicht echter, zo wordt hier beweerd, maar één aspect van een veel complexer fenomeen.

Alternatieve formuleringen zijn eveneens mogelijk en werpen een wat ander licht op de in de samenleving inderdaad te constateren verschuiving tussen burgerrollen en consumentenrollen. Waar door huishoudens bijvoorbeeld in het recente verleden niet nagedacht hoefde te worden over de manier van het 'afnemen' van water en energie en over de wijze van inrichten van de afvalinzameling - nutsbedrijven schreven burgers voor wat wel en wat niet te doen in dit verband - 'moeten' de hedendaagse consumenten van nutsvoorzieningen een heel scala aan keuzemogelijkheden doorlopen en daarbij beschikken over de juiste kennis teneinde hun afnemersgedrag zo optimaal mogelijk (bijvoorbeeld duurzaam) in te richten. In de relatie tussen eindgebruikers en aanbieders is in de nutssectoren sprake van (beslissings)macht van consumenten (*consumer empowerment*) - ook of misschien wel juist waar het 'groener' aanbod betreft. Dat deze vorm van *consumer empowerment* in korte tijd bijvoorbeeld al meer dan een miljoen huishoudens aan de groenestroomcontracten heeft gebracht, is een resultaat dat telt. Dit voorbeeld laat de mogelijkheid zien om van het burger-consumentdilemma ook positieve varianten te formuleren: waar men als burger voorheen niets vroeg (men wist zich gevangen in monopolistische *top-down*structuur van vraag en aanbod), blijkt men (wanneer de keuzeruimte eenmaal ontstaat) zich als consument massaal milieuvriendelijker te kunnen gedragen.

In het hierna volgende bespreken we de algemene verschuivingen in de relatie tussen burger- en consumentenrollen nader. De argumentatie hierbij is dat de hybride rol van burger-consument zal uitgroeien tot een betekenisvol fenomeen waarmee in het milieubeleid expliciet rekening gehouden moet worden. Een beleid gericht op het bevorderen van duurzamere consumptiepatronen zou zich specifieker moeten afvragen op welke wijze de burgerdimensie van het gedrag in marktcontexten (bijvoorbeeld de voedselketen) kan worden versterkt. Het gaat hier dus om nieuwe vormen van *consumer empowerment* die zich van de bekende vormen onderscheiden doordat ze het belang van het individu en zijn of haar privé-portemonnee overstijgen. We beperken ons tot de versterking van de burgerdimensie in marktcontexten omdat de beweging de andere kant op - namelijk: het introduceren van marktelementen in voorheen exclusief door de burgerrol gedomineerde domeinen - minder afhankelijk is van aanvullend beleid. Voor onze bespreking gebruiken we het Nederlandse milieubeleid als referentiekader.

Van burger- naar consumentenrol in het milieubeleid

Wanneer het gaat om milieuveranderingen, dan is in de beginjaren van het milieubeleid vooral de burgerrol van betekenis. De overheid riep via grootscheepse, vaak in moraliserende bewoordingen gestelde, publiekscampagnes de burgers op rekening te houden met het milieu. Ook aan de publiekskant was de burgerrol de eerste en geëigende ingang tot engagement met milieuveranderingen: de nieuwe sociale bewegingen van de jaren '70 en '80 organiseerden burgerprotesten tegen kernenergie en kolen en maakten daarmee de protesterende en demonstrerende burger tot een herkenbaar beeld van milieuengagement. Dat isolatieprogramma's voor energiebesparing ook nog wat geld op konden leveren was hooguit mooi meegenomen.

Beïnvloeding van het gedrag van consumenten blijft in de eerste milieunota's en -plannen (vrijwel) geheel ongenoemd. Gekozen wordt voor een aanbodgestuurd beleid dat, als vanzelf, zou resulteren in een grotere beschikbaarheid en vandaaruit een frequenter gebruik van duurzamere alternatieven in de consumentenmarkt. Eerst in het begin van de jaren negentig komt een 'productgericht milieubeleid' en een 'milieugericht productbeleid' geleidelijk van de grond. Manifestaties hiervan zijn de introductie van keurmerken, *life cycle analysis* (LCA) van producten of discussies over etikettering en normering vanuit het perspectief van consumentengedrag. Tevens wordt geprobeerd voor verschillende consumptiedomeinen (wonen, recreëren, voeding, mobiliteit, verzorgen, kleden) de milieubelasting wetenschappelijk vast te stellen.

Aandacht voor consumentengedrag kwam dus pas laat op gang in het milieubeleid, maar de trend lijkt duidelijk en onomkeerbaar. In aansluiting op deze maatschappelijke trend dient ook het sociaal-wetenschappelijk onderzoek naar consumentgeoriënteerd milieubeleid verder ontwikkeld en verdiept te worden om een zinvolle bijdrage vanuit de wetenschap mogelijk te maken. De notie van ketenomkering is daarbij een even bekend als essentieel sleutelwoord. In de volgende paragraaf specificeren we dit begrip.

Ketenomkering en globalisering: the age of access?

Ketenomkering verwijst naar de veranderende relaties in de context van productie-consumptie cycli tussen aanbieders (*providers*) en eindgebruikers (*citizen-consumers*) van goederen en diensten. Waar deze relatie in de tijd van Fordistische verhoudingen vooral vanuit het aanbiedersperspectief wordt ingericht en bestudeerd, zou in dit post-Fordistische tijdsgewricht het perspectief van de burger-consument als eindgebruiker domineren. *Consumer empowerment* verwijst daarbij niet alleen naar de mogelijkheid om sneller, beter en op maat bediend te worden, maar vooral ook naar de differentiatie in de rollen of 'ketenposities' van burger-consumenten. Er ontstaan meer varianten van mogelijke relaties tussen aanbieders en eindgebruikers, terwijl tegelijkertijd bij het vormgeven van die relaties de stem van de eindgebruikers steeds harder doorklinkt.

De eerste fase van sociologisch onderzoek naar dit proces van ketenomkering is sterk beïnvloed door het proces van privatisering en liberalisering van publieke dienstverlening in het Verenigd Koninkrijk in de jaren '80. Dit leverde enerzijds nieuwe inzichten en begrippen op om de verschillende dynamieken van consumptiegedrag in de context van markt, staat en *civil society* beter te kunnen typeren (Warde, 1992). Anderzijds wordt in deze discussie *consumer empowerment* op een eenzijdige en negatieve manier belicht. Wat uit de literatuur over privatisering in het Verenigd Koninkrijk naar voren komt, is het beeld van 'consumentenmacht' tegen de achtergrond van hogere prijzen voor drinkwater en onveiliger openbaar vervoer. De nieuwe rollen voor burgers-consumenten worden vooral negatief geëvalueerd omdat er sprake zou zijn van een proces van individualisering van sociale keuzes en verantwoordelijkheden. Sociale problemen, waaronder milieuproblemen, zouden worden gedepolitiseerd door de oplossing ervan eenzijdig op het bordje van het individu neer te leggen (Princen et al., 2002).

Kenmerkend voor de huidige, tweede generatie sociologische onderzoekingen is dat ketenomkering en differentiatie in ketenrollen voor burger-consumenten niet langer primair in termen van goed of slecht worden beoordeeld. Hiernaast is er de erkenning dat dit soort processen niet langer zinvol op nationaal niveau alleen bestudeerd kan worden. Globalisering van (voedsel)ketens in relatie tot gedifferentieerde rollen van eindgebruikers is het nieuwe thema van onderzoek. Daarbij is niet op voorhand een keuze voor ofwel de burgerrol ofwel de consumentenrol wenselijk of noodzakelijk. Jeremy Rifkin (2000) weerspiegelt in zijn *The age of access* de trend in de onderzoekswereld met te stellen dat de 'modaliteiten van toegang krijgen tot' de sleutel vormen tot een beter begrip van productie-consumptieketens in dit tijdperk van globalisering. Daarbij gaat het echt niet alleen om het fenomeen lease-auto of koophuis. Er is een veelheid van aanbieders-eindgebruikers-relaties in ontwikkeling in vrijwel alle domeinen van de dagelijkse consumptie: van groenteabonnement tot verzorgingsflat, van klussen tot uitvaartbegeleiding. Het komt erop aan wat mensen zelf willen doen en wat zij willen uitbesteden en vooral welke de voorwaarden zijn voor zelfdoen versus uitbesteden. We zijn daarbij op zoek naar een nieuw evenwicht, gebruikmakend van de nieuwe mogelijkheden die de differentiatie in ketenposities voor eindgebruikers in principe bieden. In kort bestek bespreken we deze nieuwe mogelijkheden in relatie tot duurzamer produceren en consumeren in de afsluitende paragraaf.

Eindgebruikers en duurzaamheid

Wanneer meer beslissingsmacht aan de eindgebruikerskant van globaliserende (voedsel)ketens terechtkomt, dan is dat voor burger-consumenten leuk en lastig tegelijk. Er worden keuzes zichtbaar gemaakt en gethematiseerd die voorheen achter de rug van burger-consumenten om, oftewel: hogerop in de keten, werden behandeld en afgehandeld. Wanneer het gaat om meer inspraak in de aard en samenstelling van het pakket van product-dienstcombinaties, dan klinkt *consumer empowerment* positief. Wanneer het gaat om de keuzes die moeten worden gemaakt in de omgang met (voedsel)risico's, dan is de bijklank eerder negatief. Kern van de verandering in beide gevallen is dat de eindgebruiker betrokken wordt bij niet-triviale keuzes die hogerop in de ketens worden gemaakt. Het verhogen van die betrokkenheid kan, om een veelheid van redenen, ook door de ontwikkelaars en aanbieders van duurzamere alternatieven als wenselijk worden beschouwd. Wanneer men proces- en productkwaliteit middels LCA's, ISO-normeringen, Emas-systemen, labeling en etikettering naar een hoger, duurzamer plan probeert te tillen, dan ontstaat ook aan de aanbiederskant een belang om deze inspanningen herkenbaar te maken voor eindgebruikers. Uiteraard staan machtige actoren opererend aan de aanbodzijde van de voedingsmarkt niet te trappelen om op cruciale punten beslissingsmacht uit handen te geven. Een niet-vrijblijvende betrokkenheid van burger-consumenten impliceert echter onvermijdelijk de opbouw van *countervailing power* en het organiseren van controlerende feedback in de richting van eindgebruikers.

De Duitsc socioloog Ulrich Beck (1999) heeft naar aanleiding van (vertrouwens)crises in voedselketens de ontwikkeling van deze nieuwe vormen van beïnvloeding van onderop vrij uitvoerig geanalyseerd en introduceerde in dit verband het begrip '*sub-politics*' om te verwijzen naar arrangementen die zich niet in de klassieke indeling van markt/consument versus staat/burger laten vangen. Deze sub-politieke vormen van machtsuitoefening koppelen burger-consumentenrollen aan aankoop- of verwervingsgedrag op een zodanige manier dat overleg en besluitvorming hogerop in de keten plaatsvindt met inspraak en medebetrokkenheid van eindgebruikers. Eindgebruikers bovendien die het maatschappelijke belang van duurzamere consumptie kunnen stellen boven het belang van de eigen beurs. Er is dan sprake van ecologisch burgerschap als sub-politiek instrument om te komen tot duurzamere consumptie.

Theoretisch gezien zijn dus alle varianten van de burger-consumenthybride mogelijk en rest ons niets anders dan via empirisch onderzoek vast te stellen hoe de verhouding in die specifieke situatie (voedselgedragspraktijk) ligt. Zoveel is wel duidelijk: een nieuw veld voor onderzoek naar (duurzamere) consumptie ligt open, waarbij naast prijs en (milieu)kwaliteit de verschuivende (machts)verhoudingen tussen aanbieders en eindgebruikers wordt onderzocht als determinant van de overgang naar duurzamere (voedsel)productie en -consumptie.

Referenties

Beck, U. (1999) *World risk society*. Cambridge: Polity Press.

Ester, P. & F. van der Meer (1979) 'Milieubesef en milieugedrag: Enkele onderzoeksbevindingen'. In: P. Ester (red.) *Sociale aspecten van het milieuvraagstuk*. Assen: Van Gorcum.

Fishbein, M. & I. Ajzen. (1975) *Belief, attitude, intention and behaviour: An introduction to theory and research*. Reading: Addison-Wesley.

Giddens, A. (1979) *Nieuwe regels voor de sociologische methode*. Baarn: Ambo.

Giddens, A. (1984) *The constitution of society*. Cambridge: Polity Press.

Nelissen N.J.M., R. Perenboom, P. Peters & V. Peters (1987). *De Nederlanders en hun milieu*. Zeist: Kerckenbosch.

Princen, T., M. Maniates & K. Conca (eds.) (2002) *Confronting consumption*. Cambridge: MIT.

Rifkin J. (2000) *The age of access: How the shift from ownership to access is transforming modern life*. London: Penguin Books.

Thogersen J. & F. Olander (2001) 'Spillover of environment-friendly consumer behaviour'. Paper 5th Nordic Environmental Research Conference. Aarhus, 14-16 June.

Warde, A. (1992) 'Notes on the relationship between production and consumption'. In: R. Burrows & C. Marsh (eds.) *Consumption and class: Divisions and change*. London: MacMillan, pp. 15-31.

Mensen, mensen, mensen

Volkert Beekman

I am all lost in the supermarket
I can no longer shop happily
I came in here for the special offer -
guaranteed personality
The Clash, 'Lost in the supermarket'. *London calling.* Sony Music, 1979.

Laat me onmiddellijk de koe bij de horens vatten. Het onderscheid tussen de (verheven) waarden van burgers en het
(platvloerse) gedrag van consumenten is alomtegenwoordig in
politiek-maatschappelijke discussies rond voedselconsumptie.
Strikte toepassing van dit onderscheid versluiert echter de
wezenlijker vraag naar rechtvaardigingsgronden voor bestuurlijk moralisme of paternalisme rond consumptief gedrag in
hedendaagse liberaal-democratische samenlevingen.

De vraag naar rechtvaardigingsgronden voor moralisme of
paternalisme verdient een betekenisvolle plaats op de agenda
van politiek-maatschappelijke discussies rond voedsel. Daartoe
wil ik in een aantal stappen het discours ontmaskeren waarin,
in de eerste plaats, een dikke streep - of onoverbrugbare kloof
- tussen de waarden van burgers en het gedrag van consumenten wordt getrokken. Het ligt voor de hand hier een vergelijking te maken met de kloof die Freud (1950) eertijds aan-
bracht tussen het verlichte bewustzijn en de duistere krochten
van het onderbewustzijn. Dergelijk kloofdenken ontneemt het
zicht op de vaak onlosmakelijke verbondenheid van de
waarden en gedragingen van mensen. In de tweede plaats ontneemt dit beeld van de 'tweedimensionale mens' - om te vari-
eren op Herbert Marcuse (1964) - ook het zicht op de enorme
variatie binnen de waarden van burgers en binnen de gedragingen van consumenten. In de derde en laatste plaats slaat het

kloofdenken goedwillende beleidsmakers *de facto* alle midde-len uit handen om mensen aan te spreken op - of met hen in gesprek te gaan over - hun waarden en gedragingen.

Er moet weer ruimte komen om de gelijktijdige verbon-denheid en verscheidenheid van waarden en gedragingen te kunnen verwoorden in politiek-maatschappelijke discussies rond voedselconsumptie. Op dat moment komt ook onmiddel-lijk de vraag in de schijnwerpers te staan hoe om te gaan met het gegeven dat veel mensen er waarden - of een waardehiër-archie - op na lijken te houden die een minder weloverwogen indruk maken op verlichte denkers en doeners. De vraag naar rechtvaardigingsgronden voor moralisme en paternalisme is dan weer helemaal terug in het hart van politiek-maatschap-pelijke discussies in hedendaagse liberaal-democratische samenlevingen. Daar hoort deze vraag ook thuis.

De grote kloof

Het cliché wil dat mensen als burgers allerhande verheven waarden rond bijvoorbeeld diervriendelijkheid, milieuvrien-delijkheid of rechtvaardigheid van de voedselproductie hante-ren. Tegelijkertijd zouden zij als consumenten in hun koop-gedrag echter vooral voorrang verlenen aan meer platvloerse voorkeuren als gemak, prijs en smaak. Het verwijt van inco-herentie of zelfs schizofrenie aan het adres van burgers-con-sumenten is dan al snel gemaakt. Dit verwijt heeft evenwel slechts geldingskracht bij gratie van de realiteit van de ver-onderstelde grote kloof. Met een (reken)voorbeeld wil ik hier-over enige twijfels zaaien.

Geïnformeerde schattingen suggereren dat zo'n 30 procent van de Nederlandse burgers - eerder als verheven aangeduide - immateriële waarden aanhangt (Dagevos, 1999). Tegelijkertijd kiest slechts een gering percentage van de consumenten op de markt voor biologische voeding, die volgens velen bij uitstek dergelijke immateriële waarden vertegenwoordigt. Deze cijfers geven aanleiding een grote kloof tussen de waarden van burgers en het gedrag van consumenten te vermoeden. Genoemde immaterialisten kunnen vervolgens nog onderverdeeld worden in zogenaamde 'unieke consumenten' en 'verantwoordelijke consumenten' (Dagevos, te verschijnen). Unieke consumenten hebben vooral oog voor de individuele esthetische beleving van voeding. Verantwoordelijke consumenten zijn daarentegen meer geïnteresseerd in de collectieve ethische beoordeling van voeding. Laat me - omwille van het argument - aannemen dat beide groepen ongeveer even groot zijn. De grote kloof is dan reeds ten halve gedicht. Vervolgens geldt dat waarschijnlijk slechts een minderheid van de verantwoordelijke consumenten waarden als diervriendelijkheid, milieuvriendelijkheid of rechtvaardigheid boven alles zal laten prevaleren. De waardehiërarchie van de meerderheid van deze consumenten zal echter ook zaken als gemak, prijs en smaak omvatten. De grote kloof verschrompelt zo al snel tot een haarscheurtje.

Het behoeft eigenlijk nauwelijks verbazing te wekken dat bijvoorbeeld de percentages louter 'groen' etende consumenten en louter 'groen' stemmende burgers elkaar niet zo dramatisch ontlopen. Mensen stemmen ook met hun portemonnee en mensen consumeren ook in het stemhokje. Het is dan waarschijnlijk correcter om niet langer te spreken over een grote kloof tussen de waarden van burgers en de gedragingen van consumenten. Deze kloof moet veeleer gezocht worden in het verschil tussen door mensen in het alledaagse leven gepraktiseerde waarden en gedragingen en onder verlichte denkers en doeners nastrevenswaardig geachte waarden en gedragingen (Beekman, 2001).

Variaties op een thema

Een gevolg van het voortdurend beklemtonen van het verschil tussen burgers en consumenten is dat de waarden als uniforme eenheden van burgers verschijnen en gedrag aan consumenten wordt toegekend. Een andere, ongelukkige, implicatie is ook dat veelal in enkelvoud over dé burger en dé consument wordt gesproken. De grote kloof ontneemt zo het zicht op de enorme veelvormigheid van waarden en gedragingen van en tussen (groepen van) mensen.

Het is een dramatische verarming van het politiek-maatschappelijke discours en het sociaal-wetenschappelijke onderzoek om te doen alsof *alle* mensen dezelfde waarden en gedragingen tentoon zouden spreiden en alsof mensen *altijd* en *overal* dezelfde waarden en gedragingen zouden vertonen. Het getuigt, eerlijk gezegd, van weinig realiteitszin om in hedendaagse pluralistische samenlevingen de ogen te sluiten voor de veelvormigheid in voedselconsumptiegedrag. Je struikelt er bij wijze van spreken over in de supermarkt.

Pluralisme van waarden en gedragingen rond voedselconsumptie zou het voornaamste aandachtspunt op onderzoeksagenda's van de sociale voedingswetenschappen en het voornaamste uitgangspunt op beleidsagenda's van het ministerie van 'Voedsel en Groen' dienen te zijn. Het is spijtig dat het grote kloofdenken dit thans verhindert.

Het is in eerste instantie de empirie die de veelvormigheid van waarden toont. Hedendaagse welvarende samenlevingen kenmerken zich door een grote verscheidenheid aan mogelijkerwijs conflicterende waarden. Het is struisvogelgedrag om dit pluralisme te willen ontkennen. In tweede instantie kan en moet echter ook de normatieve stelling worden betrokken dat dit pluralisme in zichzelf een krachtige verdediging behoeft. De godsdienstoorlogen - tussen katholieken en protestanten - van enkele eeuwen geleden hebben althans in Europa de idee doen postvatten dat het enige alternatief voor voortdurende (gewapende) conflicten tussen uiteenlopende bevolkingsgroepen gezocht moesten worden in een open publieke cultuur van respect en tolerantie jegens andersdenkenden. In globaliserende multiculturele samenlevingen is dit idee actueler dan ooit.

Hedendaagse liberaal-democratische samenlevingen zijn gegrondvest op een (impliciete) keuze voor een tamelijk minimale en liberale publieke moraal. Binnen deze moraal zijn autonomie en rechtvaardigheid centrale waarden. Enerzijds behoren mensen zoveel mogelijk vrijgelaten te worden om zelf richting te geven aan hun private levensstijlen. Anderzijds behoort deze vrijheid wel ingeperkt te worden door een gelijktijdig streven naar het voorkomen van negatieve consequenties van de vrijheden van het ene individu voor de vrijheden van het andere individu. De overheid dient daarbij op te treden als de hoeder van deze publieke moraal van autonomie en rechtvaardigheid. Zij dient zich echter te onthouden van verdere bemoeienis met de private moraal van individuele burgers-consumenten.

In zo'n politiek-maatschappelijke context is het een tamelijk heilloze aangelegenheid om met het belerende vingertje te wijzen naar consumenten als zij hedonistische waarden (gemak, prijs en smaak) laten prevaleren boven waarden als dier- of milieuvriendelijkheid. Consumenten geven hiermee in zekere zin immers slechts uitdrukking aan het verschijnsel dat economische waarden andere waarden domineren in de Westerse samenleving. De uitdaging is veeleer gelegen in de vormgeving van systemen van voedselproductie en -consumptie zonder negatieve consequenties voor de vrijheden van bijvoorbeeld dieren en toekomstige generaties. De achterliggende centrale vraag is dan of en hoe liberaal-democratische overheden zich dienen op te stellen als hoeder van intersoortelijke en intergenerationele rechtvaardigheid. Het is daarbij volstrekt irrelevant of individuele burgers-consumenten de natuur in het algemeen of dieren in het bijzonder ervaren als begeesterd met een zogenaamde intrinsieke waarde.

Een goed gesprek?

Beleidsmakers zitten met de handen in het haar. Hoe kunnen ze toch in vredesnaam voor elkaar krijgen dat consumenten hun platvloerse neigingen overwinnen en zich naar hun verheven waarden rond voedselproductie en -consumptie gaan gedragen? Beleidsmakers beseffen daarbij niet of nauwelijks dat juist het kloofdenken in hoofdzaak verantwoordelijk is voor het onvermogen om grip te krijgen op die verraderlijke - hybride - burger-consument.

In arren moede bekennen beleidsmakers zich dan maar tot één van twee halfslachtige en tot mislukken gedoemde pogingen tot sturing van waarden en gedragingen. Deze pogingen zijn ofwel rechtstreeks in tegenspraak met het beleden kloofdenken ofwel weten deze kloof nog te verdiepen. In het eerste geval poogt men met voorlichting de waarden van burgers in een gewenste richting te sturen. Volgens het kloofdenken was er echter eigenlijk al niets mis met die waarden. Het probleem was veeleer dat deze waarden niet tot uitdrukking kwamen in maatschappelijk verantwoorde consumptie. Het tegelijkertijd bepleiten van deze strategie en het belijden van het kloofdenken is dus inconsistent.

In het tweede geval poogt men met financiële prikkels het gedrag van consumenten in een gewenste richting te sturen. De waarden van burgers krijgen daarbij geen enkele aandacht. Deze strategie bestendigt - of versterkt - het eendimensionale beeld van de calculerende burger op een wijze die zelfs de meest verstokte neoklassieke econoom depressief zou weten te stemmen. Ten slotte lijken ook ouderwets directieve ge- en verboden geen begaanbare weg te vormen voor sturing van voedsel consumptiegedrag in hedendaagse liberaal-democratische samenlevingen. Beleidsmakers staan dus met de spreekwoordelijke lege handen.

Dit ware niet nodig geweest. Zonder het allesverstikkende kloofdenken kan immers heel wel gezocht worden naar constructieve wegen om mensen aan te spreken op hun waarden en gedragingen, naar manieren om de dialoog aan te gaan. Waarden en gedragingen kunnen in hedendaagse liberaal-democratische samenlevingen tenslotte prima onderwerp van een goed gesprek zijn tussen mensen die elkaar respecteren als 'gehele personen' (Douglas & Ney, 1998). Aanzetten voor de vormgeving van dergelijke 'goede gesprekken' tussen 'gehele personen' kunnen gevonden worden in de politiek-filosofische discussie rond de notie van een deliberatieve democratie (Kettner, 1999), methoden voor interactieve Technology Assessment (Grin et al., 1997) of burgerinitiatieven rond het gebruik van milieuconsumptiegoederen (Chappells et al., 2000).

Overigens dient dit pleidooi voor het deliberatieve primaat in politiek-maatschappelijke discussies rond voedselproductie en -consumptie niet verkeerd begrepen te worden. Dit pleidooi impliceert geenszins dat de inzet van communicatieve of economische instrumenten elke relevantie verliest. Integendeel, het schrappen van de grote kloof tussen de waarden van burgers en het gedrag van consumenten maakt het juist mogelijk op niet-futiele wijze gebruik te maken van dergelijke sturingsinstrumenten. Bij de inzet van communicatieve instrumenten dient dan wel de aandacht te verschuiven van informatieoverdracht van (morele) experts aan leken naar het organiseren van een dialoog tussen verschillende actoren met elk hun eigen kennis en ervaring. Bij de inzet van economische instrumenten geldt dat zij veeleer de uitkomst dan de start van publieke deliberaties over de verrekening van collectieve goederen in productprijzen dient te zijn.

Vaderlijke raad

De grote kloof tussen de waarden van burgers en de gedragingen van consumenten bestaat dus niet. Dit hoeft evenwel niet te betekenen dat mensen ook altijd dusdanig weloverwogen waarden en gedragingen tentoonspreiden dat enige vaderlijke raad ten enenmale overbodig is. Niet zelden bestaan er goede redenen met Plato (1995: 149) te verzuchten:

> "['H]eb jij de indruk dat het iets voor een filosofisch mens is zich in
> te spannen voor het zogenaamde genot dat eten en drinken geeft?'
> 'Helemaal niet, Sokrates,' zei Simmias.
> 'En voor seksueel genot?'
> 'Absoluut niet.'
> 'En de andere zorgen voor het lichaam, geloof je dat zo iemand die
> hoog aanslaat? Bijvoorbeeld het bezit van kleren die bijzonder zijn en
> schoenen en die andere dingen waarmee het lichaam mooi wordt
> gemaakt, geloof je dat hij daar waarde aan hecht of erop neerkijkt,
> voor zover het niet onvermijdelijk is er iets van te hebben?'
> 'Naar mijn idee kijkt hij erop neer,' zei hij, 'een echte filosoof ten-
> minste.'"

Plato's antwoord op de vaak 'irrationele' waarden en gedragingen van mensen is bekend. Zijn idee van de koning-filosoof
weet het ego van de filosoof in mij zelfs danig in verleiding te
brengen. Uiteindelijk dient dit antwoord echter van de hand
gewezen te worden als zijnde te ondemocratisch voor hedendaagse pluralistische samenlevingen (Swierstra, 1998).

Ook het onsmakelijke mengsel van economisch liberalisme
en cultureel conservatisme dat de huidige premier Jan-Peter
Balkenende, ex-eurosepticus Frits Bolkestein en wijlen Pim
Fortuyn als antwoord serveren, moge genoegzaam bekend worden verondersteld. Kortweg poneren zij de stelling dat - om te
spreken met Kunneman (1996) - het walkmanego van de jaren
'90 terug moet onder de theemuts van de jaren '50. Zij ontkennen daarmee dat pejoratief gebruikte termen als 'consumentisme' en 'calculerende burger' slechts negatieve verschij-
ningsvormen zijn van een overigens vooral positief te beoor-
delen individualiseringsproces.

Wat dan? Ik weet het niet. Een goed gesprek over waarden
en gedragingen? Is dat niet al te vrijblijvend? Waarschijnlijk
wel. Dit betekent dat het tijd is dat politiek-maatschappelijke
discussies zich nu eens goed buigen over de vraag welke recht-

vaardigingsgronden voor bestuurlijk moralisme en paternalisme geldingskracht hebben in hedendaagse liberaal-democratische samenlevingen. Als we verlost zijn van het kloofdenken ontstaat de benodigde (mentale) ruimte voor kritische
reflectie op die vraag.

Morele zindelijkheid

In een eerste poging tot het formuleren van aanzetten tot kritische reflectie op de speelruimte voor bestuurlijk paternalisme
- of vaderlijke raad - in liberaal-democratische samenlevingen
lijkt het verstandig de aandacht niet zozeer te richten op allerhande inhoudelijke voorstellingen van dier- of milieuvriendelijk consumeren binnen individuele concepties van het goede
leven. Dergelijke concepties behoren immers tot het domein
van de private moraal. Zij kunnen daarom beter buiten de
invloedssfeer van liberaal-democratische overheden gehouden
worden.

Het lijkt daarentegen meer perspectief te bieden om
bestuurlijk paternalisme te laten aansluiten bij het morele ideaal van de autonome mens. Dit gedeelde publieke ideaal loopt
thans het risico om te worden misverstaan als vrijbrief voor een
postmodern *anything goes*. Serieuze invulling van dit regulatieve ideaal impliceert echter ook reflectie op de vraag onder
welke omstandigheden mensen in staat zijn weloverwogen keuzes te maken. Bevorderlijke omstandigheden zijn bijvoorbeeld
in ieder geval de beschikbaarheid van afdoende informatie over
(negatieve) gevolgen van verschillende handelingsmogelijkheden en marktprijzen van consumptiegoederen die dergelijke
gevolgen tot uitdrukking brengen. Liberaal-democratische overheden lijken zich met goed recht enig paternalisme in deze
informatievoorziening en prijsvorming te kunnen veroorloven.
Zo kunnen zij immers autonome keuzeprocessen faciliteren.

Willen we het ideaal van de autonome mens hoog houden,
dan gaat het er niet om dat mensen zo hard mogelijk hun eigen

mening verkondigen in allerhande politiek-maatschappelijke discussies. Het gaat er van veeleer om dat mensen bereid zijn argumenten voor hun mening aan te dragen en aandachtig te luisteren naar argumenten van anderen. Zo kan voorkomen worden dat respect en tolerantie jegens andersdenkenden verworden tot onverschilligheid en gebrek aan betrokkenheid. Het behoort daarbij tot de verantwoordelijkheid van liberaal-democratische overheden om te voorzien in procedurele waarborgen die voorkomen dat politiek-maatschappelijke discussies ontaarden in pure belangenstrijd. Dit impliceert tevens het opheffen van een ongelijke toegang tot kapitaal en kennis als machtsbronnen in dergelijke debatten.

Liberaal-democratische overheden hebben, kortom, niet alleen de speelruimte maar zelfs de plicht om, met enige vaderlijke raad, te faciliteren dat mensen weloverwogen morele keuzen maken. Een goedbegrepen bestuurlijk paternalisme staat dus niet haaks op het ideaal van de autonome mens, maar draagt juist bij aan de verwezenlijking van dit regulatieve ideaal. Bovendien heeft de kwaliteit van het publieke discours baat bij zo'n bestuurlijke ondersteuning van de morele zindelijkheid.

Referenties

Beekman, V. (2001) *A green third way?: Philosophical reflections on government intervention in non-sustainable lifestyles.* Wageningen: Wageningen Universiteit.

Chappells, H. et al. (2000) *Domestic consumption, utility services and the environment: Final DOMUS report.* Lancaster: Universities of Lancaster, Wageningen & Lund.

Dagevos, J.C. (1999) 'Het dier is de mens een zorg: Een toekomstreflectie'. *TSL*, 14(3), pp. 127-132.

Dagevos, J.C. (te verschijnen) 'Wandering souls: food consumers of today and tomorrow'. In: J.C. Blom & G. Meester (eds.) *Designing agricultural systems and food supply in a crowded world*. The Hague: LEI, pp. 105-118.

Douglas, M. & S. Ney (1998) *Missing persons: A critique of the social sciences*. Berkeley: University of California Press.

Freud, S. (1950) *Civilisation and its discontents*. London: Hogarth.

Grin, J. et al. (1997) *Interactieve Technology Assessment: Een eerste gids voor wie het wagen wil*. Den Haag: Rathenau Instituut.

Kettner, M. (1999) 'Discourse ethics: A novel approach to moral decision-making'. *International Journal of Bioethics*, 10(3), pp. 29-36.

Kunneman, H. (1996) *Van theemutscultuur naar walkmanego: Contouren van postmoderne individualiteit*. Amsterdam: Boom.

Marcuse, H. (1964) *One-dimensional man: Studies in the ideology of advanced industrial society*. Boston: Beacon Press.

Plato (1995) 'Faidon'. In: G. Koolschijn (vert.), *Sokrates' leven en dood*. Amsterdam: Athenaeum - Polak & Van Gennep, pp. 139-214.

Swierstra, T.E. (1998) *De sofocratische verleiding: Het ondemocratische karakter van een aantal moderne rationaliteitconcepties*. Kampen: Kok Agora.

Homo duplex

Consument en burger vanuit een genderperspectief

Gerda Casimir & Chris Dutilh

In discussies over duurzame ontwikkeling blijkt consumenten-gedrag een van de lastigste aspecten te zijn. Consumenten gedragen zich vaak onvoorspelbaar en dit gedrag is moeilijk te veranderen. Bovendien komt het koopgedrag van mensen lang niet altijd overeen met de opvattingen waar zij op andere momenten blijk van geven. In dit essay willen we laten zien dat een onderscheid tussen consument en burger verhelde-rend kan werken om dit verschil tussen opvattingen en gedrag te verklaren. Tevens geven we aan dat inzichten vanuit *gender-*studies kunnen bijdragen aan een andere benadering die openingen biedt om tot werkelijke veranderingen te komen.

In dit artikel verstaan wij onder consument elk individu op het moment dat hij of zij een portemonnee hanteert. Op het moment dat er geld wordt uitgegeven spelen alleen overwe-gingen als goedkoop, lekker, leuk of gezond een rol. De con-sument wordt omringd door burgers, namelijk al degenen die niet gelijktijdig een aankoop doen. In hun rol als burger zijn mensen veel eerder bereid om maatschappelijke thema's en een lange(re) tijdshorizon onder ogen te zien. Uit onderzoek blijkt dat burgers een grote invloed hebben op consumenten. Het lastige en tegelijk het uitdagende aan deze situatie is dat elk mens zowel burger als consument is. Het zijn twee kanten van dezelfde medaille. Dit essay wil laten zien dat de consu-mentenkant vooral masculiene waarden vertegenwoordigt, en de burger vooral feminiene. De masculiene kant spoort niet met duurzaam gedrag; versterking van de feminiene vergt andere wijzen van benadering.

Duurzame ontwikkeling

In 1987 introduceert de World Commission on Environment and Development, ook bekend als de commissie-Brundtland, het begrip duurzame ontwikkeling. Volgens de definitie van deze commissie betekent duurzame ontwikkeling dat mensen kunnen voorzien in hun behoeften, zonder de mogelijkheid van toekomstige generaties om in hun behoeften te voorzien in gevaar te brengen (Brundtland, 1987). Aangezien behoeften van mensen verschillen al naar gelang de tijd waarin zij leven, de plaats waar zij wonen of de culturele groep waartoe zij behoren, zal ook de concrete invulling van duurzame ontwikkeling verschillen.

Inmiddels is een groot aantal activiteiten ondernomen om een meer duurzame samenleving te bereiken. Wetenschap en bedrijfsleven hebben technologische vernieuwingen geïntroduceerd, overheden hebben wet- en regelgeving geformuleerd en consumenten zijn aangemoedigd hun gedrag te veranderen. Dit laatste blijkt moeilijk. De klassieke economische en sociologische modellen gaan uit van de rationeel kiezende mens, wiens gedrag te verklaren zou zijn uit zijn of haar opvattingen, normen en waarden. Nu zijn die opvattingen lang niet altijd duidelijk gedefinieerd. Onbewuste motieven spelen een grote rol. Producten worden niet alleen geconsumeerd om hun directe nut, maar ook om wat zij betekenen in het sociale verkeer. Mensen consumeren om zich te onderscheiden van anderen, of juist om erbij te horen. De mogelijkheden daartoe zijn eindeloos, de mens blijkt onverzadigbaar en verspilling is inherent aan de consumptiemaatschappij (Baudrillard, 1998). Maar ook als mensen wel duidelijk gedefinieerde normen en waarden hebben, gedragen zij zich daar niet altijd naar. Veel meer mensen zijn bijvoorbeeld vóór ecologische landbouw dan uit verkoopcijfers blijkt (Van den Broek, 1999; Schor, 1998). Het onderscheid naar consumenten en burgers biedt aangrijpingspunten om genoemde discrepantie te verklaren en te benaderen.

Consumenten versus burgers

Het beeld van de medaille helpt ons om scherp te preciseren waar het om gaat. Een medaille heeft twee kanten die onlosmakelijk met elkaar verbonden zijn, maar wel verschillend en niet tegelijkertijd in beeld. Anders dan bij twee vechtende mensen, waar degene die boven ligt sterker is dan de onderliggende, zijn de twee kanten van de medaille gelijkwaardig. De kant die onder ligt zien we even niet, maar is daarom niet minder belangrijk. Beide kanten zijn essentieel voor het wezen van de medaille. Als de twee kanten in elkaar opgaan is er geen medaille meer.

Als consument is de mens de actor, degene die de koopdaad verricht. Daarbij is hij of zij individualistisch, vooral gericht op het eigen welbevinden en directe behoeftebevrediging. Gezonde, veilige, goedkope of leuke producten staan voorop. De consument heeft een kortetermijnoriëntatie: hij of zij wil 'scoren', zich manifesteren. De omgeving - de goed- of afkeuring van relevante anderen - speelt een belangrijke rol. Consumenten kunnen zich onderscheiden van hun omgeving via hun productkeuze, of geven op die manier juist aan dat zij ergens bij horen.

Als burger is de mens meer tot beschouwing geneigd en heeft hij meer een langetermijnperspectief. Burgers dragen de maatschappelijke waarden - die overigens zeer kunnen verschillen naar tijd en cultuur. Denk aan het welzijn van dieren, biodiversiteit of behoud van het landschap, politieke doelen, de zorg voor anderen en voor toekomstige generaties. Burgers verenigen zich in maatschappelijke organisaties, die een rol spelen in het publieke debat en daarmee in de ontwikkeling van nieuwe normen en waarden.

Normen en waarden bepalen de interactie tussen burger en consument. Voorbeelden van gedragsverandering onder invloed van veranderende normen en waarden zijn niet moeilijk te vinden. Zo is de laatste vijftien jaar de verkoop van bont in Nederland bijna tot nul gedaald door acties van organisaties als Bont voor Dieren en onder invloed van het Kinderen-voor-kinderenliedje 'Tweedehands jas'. Dat wil echter niet zeggen dat consumenten zich altijd gedragen volgens de normen die de burger ze wil opleggen. Praktische dagelijkse problemen, routines, groepsnormen of het al of niet beschikbaar zijn van middelen kunnen redenen zijn waarom consumenten in hun concrete gedrag afwijken van de opvattingen die ze als burger hebben. Zo is de energiebesparing in de jaren '70 - als gevolg van woningisolatie en het gebruik van HR-verwarmingsketels - weer tenietgedaan door een daling van het aantal mensen per woning. Evenmin weegt een verminderd brandstofgebruik van auto's op tegen de toename van het aantal gemaakte kilometers. Kennelijk wordt het steeds normaler gevonden over grote afstanden te reizen. Milieubewustzijn heeft die trend vooralsnog niet kunnen keren.

Zolang een maatschappelijk thema bij burgers leeft kan dat consumenten motiveren om bepaalde producten te kopen of juist te laten staan. Dat gold bijvoorbeeld voor fosfaatvrije wasmiddelen, waar de milieuorganisaties in de jaren '70 van de vorige eeuw voor gepleit hebben. Omdat burgers hun aandacht nooit erg lang op ééénzelfde thema gericht kunnen houden, ebt de aandacht weg, ook al zijn er nog geen oplossingen gevonden voor de eerder geconstateerde problemen (Dutilh & Mostard, 2001).

Stakeholders en interacties

In figuur 2 zijn schematisch de belangrijkste partijen en interacties weergegeven die betrokken zijn bij consumptie. Het bedrijfsleven ontwikkelt en produceert producten, die het vervolgens probeert te verkopen aan zijn klanten, uiteindelijk de consumenten. Voldoet een product aan de verwachte standaard, dan koopt de consument het en verschaft op die wijze het betreffende bedrijf een *licence to sell*. Tussen bedrijfsleven en overheid bestaat wet- en regelgeving die de regels van het spel vastlegt en het bedrijfsleven een *licence to produce* verschaft: de vergunning te mogen produceren. Overheden worden gekozen door burgers. Hun functioneren wordt voortdurend geëvalueerd in openbare debatten, die voor een groot deel worden gedomineerd door maatschappelijke organisaties. Organisaties waarin burgers zich hebben verenigd.

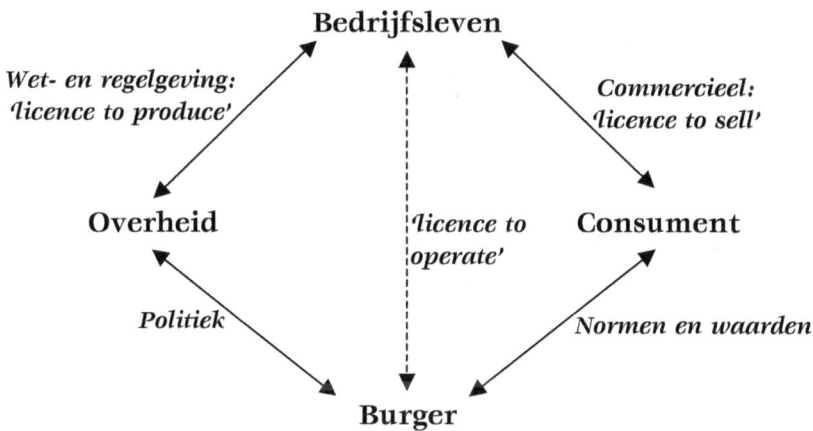

Bedrijfsleven

Wet- en regelgeving:
'licence to produce'

Commercieel:
'licence to sell'

Overheid

'licence to
operate'

Consument

Politiek

Normen en waarden

Burger

Figuur 2 – Interacties tussen de verschillende partijen betrokken bij duurzame ontwikkeling.

In het centrum van de figuur is de *licence to operate* geplaatst, het maatschappelijk draagvlak. Anders dan de helder gedefinieerde *licence to produce* en de duidelijk zichtbare *licence to sell* is de *licence to operate* geen schriftelijke toestemming of het duidelijke resultaat van meetbare, tastbare handelingen. Bovendien is niet duidelijk wie deze vergunning precies toekent. Eigenlijk wordt pas helder of het een bedrijf was toegestaan te opereren, wanneer de vergunning 'afloopt', dat wil zeggen wanneer het publiek - burgers gezamenlijk, of 'de maatschappij' - aangeeft dat bepaalde praktijken niet langer getolereerd worden. Zo kunnen werkomstandigheden nauwelijks gebruikt worden in op de consument gerichte reclamecampagnes. Als echter bekend wordt dat een bedrijf op grote schaal gebruik maakt van kinderarbeid, dan loopt het gevaar te worden geboycot - óók voor die producten die wel onder goede omstandigheden zijn geproduceerd. Voor milieu en duurzaamheid geldt hetzelfde. Niet investeren vormt een afbreukrisico, meer nog dan dat wél investeren kansen biedt.

De politieke aandacht heeft zich tot nog toe vooral gericht op de ontwikkeling van nieuwe technologieën en productverbeteringen die via de markt de consument zouden moeten bereiken. Ook wordt, door middel van subsidies en prijsbeleid, getracht de consument via zijn portemonnee te beïnvloeden. De bovenste helft van het schema is vooralsnog overbelicht geweest. Naar onze mening zou de burger meer aangesproken moeten worden. Want het is de burger die uiteindelijk het verschil maakt, die het bedrijfsleven de *licence to operate* verleent en die de consument aanspreekt op zijn of haar koopgedrag.

Genderstudies als bron van kennis

Er zijn veel sociologische stromingen waaraan theorieën, inzichten, modellen en ervaringen ontleend kunnen worden en waarmee de hiervoor geschetste verschijnselen en ontwikkelingen benaderd kunnen worden. Een van die bronnen vormt genderstudies. Genderstudies is een verzameling politieke, sociale en filosofische kritiek die poogt de maatschappelijke ondergeschiktheid van vrouwen te koppelen aan een conceptueel raamwerk waardoor deze ondergeschiktheid in stand wordt gehouden (Coleman, 2002; Scott, 1989; Sevenhuijsen, 1995/1996; Warren & Bourque, 1991).

Aanvankelijk, in het begin van de tweede feministische golf rond 1970, ging het over verschillen tussen mannen en vrouwen als gevolg van sekserolsegregatie, waardoor vrouwen slechter waren toegerust dan mannen om met hen te kunnen concurreren op de arbeidsmarkt. Doel was vrouwen door opleiding en individuele ondersteuning toe te rusten om meer seniorfuncties aan te kunnen nemen en zo de verschillen met mannen te minimaliseren. Deze benadering legt het probleem bij vrouwen, die zelf hun 'achterstand' te boven zouden moeten komen. Als reactie op deze kritiek richtte de aanpak zich vervolgens op de structurele en omgevingsfactoren die gelijke kansen verhinderen. Activiteiten in dit kader zijn wetgeving die seksediscriminatie verbiedt en het ontwikkelen van strategieën op de werkvloer, zoals flexwerken, ouderschapsverlof en de aanstelling van vertrouwenspersonen voor ongewenste intimiteiten.

In de jaren '80 van de twintigste eeuw maakte het achterstandsdenken plaats voor de derde fase van genderstudies: het waarderen van vrouwelijke waarden en het innemen van vrouwenstandpunten. Het feminisme zou zich niet moeten inlaten met het reproduceren van bestaande ongelijkheden en hiërarchieën, gecreëerd door een door mannen gedomineerde culturele ontwikkeling. Vrouwelijke waarden moesten niet langer gezien worden als maatschappelijk minderwaardig, maar als een bron van trots en kracht. Het zogenoemde *standpoint*-feminisme sprak van alternatieve kennis en alternatieve levenswijzen en manieren van werken, waarbij de nadruk lag op de waarde van verschillen, meer dan op gelijkheid.

Ongeveer vanaf 1990 ontwikkelt zich de vierde fase van feministisch denken, waarin de balans gevonden wordt tussen de voorafgaande stadia. De aandacht is verschoven naar poststructuralistisch denken, waarin sekserelaties en andere vormen van macht gezien worden als sociale constructies. Sekse en gender worden van elkaar losgekoppeld. Mannelijkheid en vrouwelijkheid zijn niet automatisch verbonden met de biologische grootheden mannen en vrouwen. Gender wordt niet langer opgevat als onveranderbare, essentialistische categorie. Verschillen worden nog steeds gewaardeerd, zonder echter het gelijkheidsideaal op te geven. Deze benadering laat zien hoe kennis geproduceerd wordt en welke rol taal speelt in de relatie tussen kennis en macht. Vanuit dit perspectief betekent verandering het deelnemen aan kritiek, experimenten en verhalen vertellen.

Genderstudies heeft naar voren gebracht dat de moderne westerse cultuur al te vaak uitgaat van elkaar uitsluitende tegenstellingen - lichaam en geest, man en vrouw, individu en maatschappij, mens en natuur, wetenschap en mystiek, productie en consumptie, werk en vrije tijd - die bovendien in een hiërarchische verhouding tot elkaar zouden staan. De ene zou boven de andere staan en een hogere status, meer maatschappelijk aanzien hebben. Het is de winst van genderstudies geweest om de tegenstelling van deze dominante en diepgewortelde begrippenparen ter discussie te stellen en te laten zien dat het twee kanten van eenzelfde medaille zijn, die elkaar per definitie niet uitsluiten.

De masculiene en feminiene kant van de mens

De inzichten van genderstudies kunnen wij toepassen op het begrippenpaar consument en burger, een dualiteit die nauw samenhangt met beelden van mannelijkheid en vrouwelijkheid. Masculiene en feminiene waarden zijn in hoge mate sociale constructies, niet noodzakelijkerwijs gebonden aan mannen en vrouwen. Welk gedrag als feminien of masculien beschouwd wordt, verschilt weliswaar per samenleving maar vertoont eveneens een overeenkomstige trend. In vrijwel alle culturen, zowel traditionele als moderne, houden mannen zich gemiddeld meer bezig met activiteiten buitenshuis - jagen, vissen, geld verdienen - terwijl vrouwen vaker zorgen voor huis, man en kinderen. In het verlengde daarvan worden assertiviteit, competitie en hardzijn geassocieerd met mannelijkheid, terwijl zachtheid, bescheidenheid zowel als zorggerichtheid voor de kwaliteit van het leven vrouwelijk gevonden worden.

Hofstede (1998) is een van de mensen die geprobeerd hebben mannelijkheid en vrouwelijkheid te kwantificeren. Hij definieert een samenleving als masculien wanneer sociale sekserollen duidelijk gescheiden zijn. Een samenleving is volgens hem feminien als de rollen elkaar overlappen en zowel mannen als vrouwen worden geacht bescheiden en teder te zijn en gericht op de kwaliteit van het bestaan. Op grond van deze definiëring heeft hij een masculiniteitsindexscore berekend voor vijftig landen. De gegevens komen uit een groot onderzoek naar de waarden van werknemers van IBM. Deze mensen vormen van land tot land heel gelijkwaardige steekproeven, die alleen van elkaar verschillen in nationaliteit. Uit statistische analyse van het materiaal bleek dat er significante verschillen waren op de punten maatschappelijke ongelijkheid en houding ten opzichte van gezag, de verhouding tussen individu en groep, de gewenste rolverdeling tussen mannen en vrouwen en de manieren van omgaan met onzekerheid, agressie en het uiten van emoties.

De Global Leaders of Tomorrow Environment Task Force bepaalde in samenwerking met Yale University en Colombia University een duurzaamheidsindex voor 142 landen. Duurzaamheid werd gemeten op basis van twintig indicatoren met elk twee tot acht variabelen. De index combineert metingen van huidige omstandigheden, de druk op die omstandigheden, de antwoorden van individuen daarop en de maatschappelijke reacties. Hoewel er verband blijkt te bestaan tussen het inkomen per hoofd van de bevolking en de duurzaamheidsscore, blijkt inkomen zeker niet de enige factor te zijn. Duurzaamheid zal daarom niet vanzelf ontstaan als gevolg van het economisch ontwikkelingsproces, maar vergt gerichte aandacht van overheden, bedrijfsleven, maatschappelijke organisaties en individuen (Esty et al., 2002).

Op beide indexen valt methodologisch gesproken vast van alles af te dingen. Bovendien zijn de onderzoeken op verschillende wijze en op verschillende tijdstippen uitgevoerd. Maar wanneer je ze tegen elkaar afzet, ontstaat een opmerkelijk verband: landen met een sterk masculiene cultuur (Japan, Venezuela, Italië) scoren lager op de duurzaamheidsindex dan landen met een lage masculiniteitsindexscore (Zweden, Noorwegen, Nederland). De individualistische consument, gericht op de korte termijn en op het eigen welzijn, past goed

in culturen met een hoge graad van masculiniteit. De groeps-
bewuste burger met een langetermijnoriëntatie, ook gericht op
het welzijn van anderen, inclusief toekomstige generaties, past
meer in een feminiene cultuur, die over het algemeen milieu-
behoud boven economische groei stelt.

Een alternatieve benadering

In ieder mens zijn twee rollen vertegenwoordigd: die van consument en die van burger. De eerste is gericht op de korte termijn en de directe bevrediging van zijn of haar behoeften. De
consument wil zich manifesteren, wil oogsten. Dat is de masculiene kant van de medaille. De burger is meer op de lange
termijn gericht en kan verantwoordelijkheid tonen voor anderen, inclusief toekomstige generaties. Die is zich ervan bewust
dat er gezaaid en gekoesterd moet worden, vóór van oogst
sprake kan zijn. De burger vormt de feminiene kant.

Veel beleidsmaatregelen die proberen consumptiepatronen
te veranderen, richten zich op de consument. Zoals investe-
ringen in nieuwe technologieën en productverbeteringen, of in
nieuwe organisatievormen in het bedrijfsleven die uiteindelijk
moeten leiden tot duurzamere maar ook goedkopere producten. Ook wordt de consument aangesproken via etikettering en
- door middel van belastingen (BTW, invoerrechten, accijnzen)
- in zijn of haar portemonnee. Het betreft hier concrete beleidsdoelen die meetbaar en afrekenbaar zijn, dus met gebruikelijke,
masculiene methoden te controleren. Voorlichtingscampagnes
proberen de burger aan te spreken, maar over de effecten daarvan zijn de meningen verdeeld.

De grote uitdaging is het vinden van een balans tussen burger en consument. Dat kan alleen wanneer ook een evenwicht
gaat ontstaan tussen de masculiene en feminiene rol van de
mens. Het bereiken van de burger vergt specifieke methoden,
waarbij minder waarde wordt gehecht aan meetbaarheid en
meer aan zorg en aandacht. De nadruk zou moeten liggen op

samenwerking, groepsbewustzijn, collectieve acties en sociale controle. Hier moet ook ruimte zijn voor *ongeplande* activiteiten die niet direct aantoonbaar 'nut' hebben. Dat lijkt moeilijk te verkopen in een tijdperk waarin onderwijs en voorlichting gericht zijn op rationalisering. De afgelopen twintig jaar zijn in het voortgezet onderwijs creatieve vakken als tekenen en ook lichamelijke oefening stelselmatig geschrapt of tot een minimum teruggebracht. Desondanks zijn er - binnen en buiten het onderwijs - interessante initiatieven op het vlak van sociale cohesie, echte welvaart, *downshifting* of 'consuminderen' (Schor, 1998). Een mooi voorbeeld zijn de zogenaamde rots-en-water-projecten waarmee de Nederlander Ykema in Australië jongeren benadert. Via lichamelijke oefeningen leert hij jongens meer zelfvertrouwen en zelfbeheersing te verwerven, waardoor zij groepsdruk beter kunnen weerstaan. "De meeste jongens hebben twee opties: vechten of vluchten. Wij leren ze een derde weg: communiceren." (Ykema, 2002)

Het zijn voorbeelden die zeker nog uitwerking behoeven, maar die wel laten zien dat steeds meer partijen zich bewust zijn van het feit dat we de burger zullen moeten aanspreken, willen we daadwerkelijke veranderingen op het gebied van duurzame consumptie kunnen bewerkstelligen.

Referenties

Baudrillard, J. (1998) *Consumer society: Myths and structures.* London: Sage.

Broek, A. van den (1997) *Tijdsbesteding en milieu.* Den Haag: Sociaal en Cultureel Planbureau.

Brundtland, G.H. (1987) *Our common future.* Oxford: Oxford University Press.

Casimir, G.J. & C.E. Dutilh (2002) 'Sustainability - a gender perspective: A contribution to the Dutch national strategy for sustainable development'. Den Haag: Projectgroep Nationale Strategie Duurzame Ontwikkeling.

Coleman, G. (2002) 'Gender, power and post-structuralism in corporate citizenship: A personal perspective on theory and change'. *The Journal of Corporate Citizenship*, 5, pp. 17-25.

Dutilh, C.E. & L. Mostard (2001) 'Nederlanders over duurzaam geproduceerde voeding'. *Voeding Nu*, 3, pp. 29-31.

Esty, D.C. et al. (2002) *Environmental Sustainability Index (ESI)*. Yale Center for Environmental Law and Policy. http://www.ciesin.columbia.edu/indicators/ESI/

Hofstede, G. (1998) *Allemaal andersdenkenden: Omgaan met cultuurverschillen*. Amsterdam: Uitgeverij Contact.

Paavola, J. (2001) 'Towards sustainable consumption: Economics and ethical concerns for the environment in consumer choices'. *Review of Social Economy*, 59, pp. 227-248.

Pennartz, P. & A. Niehof (1999) The domestic domain: Chances, choices and strategies of family households. Aldershot: Ashgate.

Schor, J.B. (1998) *The overspent American: Why we want what we don't need*. New York: HarperPerennial.

Scott, J.W. (1989) *Deconstructie van gelijkheid-versus-verschil: De bruikbaarheid van de post-structuralistische theorie voor het feminisme*. Utrecht: Rijksuniversiteit Utrecht.

Sevenhuijsen, S. (1995/1996) 'De winst van vrouwenstudies'. In: *Reader inleiding vrouwenstudies sociale wetenschappen*. Utrecht: Faculteit der Sociale Wetenschappen, pp. 54-57.

Warren, K.B. & S.C. Bourque (1991) 'Women, technology, and international development ideologies: Analyzing feminist voices'. In: M. di Leonardo (ed.) *Gender at the crossroads of knowledge*. Berkeley: University of California Press, pp. 279-311.

Ykema, F. (2002) *Het rots en water perspectief: Een psychofysieke training voor jongens*. Amsterdam: SWP.

Hoe krijgen we burger en consument op één lijn?

Cees van Bruchem

In enquêtes en andere onderzoekingen geven veel burgers aan dat ze bereid zijn 'maatschappelijk verantwoord' geproduceerde voedingsmiddelen aan te schaffen en daarvoor ook extra te betalen. Eenmaal in de supermarkt zijn de goede voornemens echter vergeten en geven andere factoren, zoals de prijs, het uiterlijk, de bereidbaarheid of de smaak, de doorslag bij de aankoop. De consumentenzorgen spelen op dat moment nauwelijks nog een rol. Ze zouden dan ook eigenlijk beter kunnen worden aangeduid als burgerzorgen. (Terzijde: een interessante en wellicht leerzame vraag is of deze inconsistentie zich bij andere producten dan voedingsmiddelen in dezelfde mate voordoet.) Wellicht vormen gezondheidsaspecten hierop een uitzondering. De zorg voor de eigen gezondheid en die van gezinsleden weegt voor veel consumenten immers zwaarder dan de zorg voor elders en later, waar het bij milieuproblemen veelal om gaat. Een probleem is echter dat het verband tussen productiewijze en gezondheid niet eenduidig is.

Agrariërs wijzen al jaren op de gesignaleerde dubbelhartigheid van de burger, alias de consument. Een dergelijke constatering spoort met de bevindingen van Noëlle Aarts et al. (2001), die stellen dat consumenten zich afsluiten voor informatie over de veehouderij die niet in hun consumptieve straatje past. Voor de goede orde: voor de veehouders geldt overigens iets dergelijks. Francien de Jonge en Eric Goewie (2000) zijn op hun beurt van mening dat consumenten best bereid zouden zijn meer te betalen voor welzijnsvriendelijk vlees, als ze maar meer informatie krijgen. Daarmee geven deze auteurs met zoveel woorden eveneens aan dat er een verschil bestaat tussen de houding van de consument, zoals 'gemeten' in enquêtes, en zijn feitelijke koopgedrag. Overigens is er ook ander onderzoek dat gebaseerd is op enquêtes, waaruit blijkt dat het milieu en aanverwante onderwerpen de laatste jaren geleidelijk lager op het zorgenlijstje van de burger zijn komen te staan (Schmeets & Otten, 2000). In die zin is er dus wel enige consistentie tussen de uitkomsten van enquêtes en het koopgedrag. Bovendien kan uit de uitslag van recente Kamerverkiezingen worden geconcludeerd dat milieu en duurzaamheid voor het stemgedrag van veel burgers niet erg zwaar wegen. Er bestaat in dit opzicht wel overeenkomst tussen kiezer- en koopgedrag, die nogal ontbreekt als het gaat om keuzemogelijkheden in enquêtes over voedsel en keuzes die gemaakt worden tijdens de aankoop van levensmiddelen in de supermarkt.

Consument en burger op één lijn brengen

De constatering dat bij het feitelijke koopgedrag duurzaamheid kennelijk niet zwaar (genoeg) weegt, roept bij mij de vraag op hoe daarin wellicht verbetering gebracht kan worden. Daarbij gaat het er dus om hoe het verschil tussen de houding van de burger en zijn gedrag als consument verkleind kan worden. Hoe kunnen we burger en consument meer op één lijn krijgen? Het gaat toch immers om dezelfde personen?

De vraagstelling is des te belangrijker omdat bij het oplossen van allerlei duurzaamheidsvraagstukken in en rond de agrarische productie veelal een grote rol wordt toegekend aan de consument (zie bijvoorbeeld Tacken & Van Horne, 2002). Die opvatting bestaat bij de overheid, maar evenzeer bij de producenten ('u vraagt, wij draaien') en in zekere zin ook bij maatschappelijke organisaties, zoals de milieubeweging. Er is in feite sprake van een patstelling, waarbij de producent wacht tot de consument meer gaat betalen en de consument op zijn beurt vindt dat overheid en producent er maar voor moeten zorgen dat verantwoord wordt geproduceerd. En de overheid wacht voornamelijk af wat de interacties tussen producent en consument - de markt - opleveren. Kenmerkend voor deze opstelling is dat elke partij de verantwoordelijkheid bij de andere legt. Ik ben gelukkig niet de enige die de mening is toegedaan dat de overheid een belangrijke taak heeft in het doorbreken van dergelijke patstellingen. In het vervolg van dit essay doe ik daarvoor enkele suggesties.

Voor ik hier aan toekom, wil ik nog een opmerking maken. Mijn bijdrage beperkt zich tot de Nederlandse consument en burger. Het is immers niet aannemelijk dat de Arabische consument van Nederlandse kippeneieren of de Amerikaanse gebruiker van Nederlandse chrysanten zich erg druk zullen maken over de manier waarop deze producten in het land van herkomst zijn voortgebracht. Gegeven het grote exportaandeel betekent dit dat gedragsbeïnvloeding van de Nederlandse consument slechts betekenis heeft voor een (beperkt) deel van de productie. De Duitse consument bijvoorbeeld is in dit opzicht bepaald niet verwaarloosbaar. In het algemeen maken de sterke exportafhankelijkheid van de Nederlandse agrarische productie - ongeveer 70 procent van de toegevoegde waarde hangt samen met export - en de toenemende internationale concurrentie, die voor een deel voortvloeit uit de liberalisering, het er niet makkelijker op om tot een duurzaam en maatschappelijk verantwoord productiesysteem te komen (zie ook commissie-Veerman, 2001). Daarom is het zaak het onderhavige probleem zoveel mogelijk internationaal aan te pakken, wat overigens nationale maatregelen niet uitsluit. We moeten ergens beginnen.

Knelpunten voor duurzaam koopgedrag

Verschillende factoren worden genoemd als verklaring voor de gesignaleerde discrepantie tussen houding en gedrag. Uit een onderzoek onder niet-kopers van ecologische voedingsmiddelen in Duitsland komt naar voren dat 57 procent de prijzen te hoog vindt, 46 procent betwijfelt of de claims kloppen en of er wel verschil is met gewone levensmiddelen. Ongeveer 20 procent van de ondervraagden zet vraagtekens bij de kwaliteit of de smaak en ruim 15 procent kan deze producten niet dichtbij huis kopen (Spiller, 2001). Onderzoek onder Nederlandse consumenten levert vergelijkbare resultaten op: de hoge prijs en de tekortschietende beschikbaarheid worden vrij vaak genoemd als reden om geen biologische producten te kopen. Daarnaast komt naar voren dat gewoonten en onbekendheid met biologische voedingsmiddelen een belangrijke rol spelen (zie Platform Biologica, 2001).

Beleidsmatig gezien lijken mij de volgende factoren interessant als we nadenken over de 'verduurzaming' van het koopgedrag om zodoende consumentenhoudingen en burgermanshandelen meer met elkaar in overeenstemming te brengen. Het eerste punt dat ik zodadelijk wil aansnijden is de afstand tussen producent en consument en het mede daardoor gebrekkige inzicht van de laatste in het agrarisch productieproces. Het tweede punt betreft de onvoldoende verkrijgbaarheid van milieu- en diervriendelijke voedingsmiddelen. Ten derde ga ik in op de tekortschietende transparantie en de daarmee samenhangende twijfel over de betrouwbaarheid van duurzaamheidsclaims. Als laatste punt noem ik de relatief hoge prijzen van verantwoord geproduceerde voedingsmiddelen. Hieronder wordt achtereenvolgens op deze punten, die alle van invloed zijn op het koopgedrag van de consument, ingegaan.

Afstand en verkrijgbaarheid

De afstand tussen de producent van agrarische producten en de consument van voedingsmiddelen is de afgelopen decennia sterk toegenomen. Dat geldt in geografische zin: de plaatsen van productie en consumptie komen steeds verder uit elkaar te liggen, al biedt de recente tendens tot regionalisering van de voedingsmiddelenmarkten daartegen wellicht enig tegenwicht. Ook woont een afnemend aantal consumenten in de directe

114

nabijheid van agrarische bedrijven. Daarnaast ondergaan de agrarische producten steeds meer bewerkingen voordat ze de consument bereiken. Door deze ontwikkelingen weten consumenten nauwelijks meer hoe hun voedsel wordt geproduceerd (zie ook Aarts et al., 2001). Het blijkt dan ook dat ze niet of nauwelijks verband leggen tussen de consumptie van voedingsmiddelen enerzijds en milieuproblemen anderzijds (zie Filius & Van Meegeren, 1996). Dit verloren gegane contact is niet bevorderlijk voor een bewust koopgedrag. Om het consumentencontact te leggen wordt de toevlucht genomen tot voorlichting, open dagen op bedrijven, et cetera. Het houden van 'boerenmarkten', de verkoop aan huis en het promoten van streekproducten kunnen hier en daar de scherpe kantjes van dit probleem slijpen, maar vormen voor de bulk van de voedselproductie in onze hoog gespecialiseerde samenleving volgens mij geen substantiële oplossing.

De verkrijgbaarheid van milieu- en diervriendelijke voedingsmiddelen is, rekening houdend met het gegeven dat het hier om dagelijkse levensbehoeften gaat, niet optimaal. Dit bezwaar wordt de laatste jaren kleiner, nu verschillende detailhandelsketens ecoproducten en/of andere verantwoord voortgebrachte producten in hun pakket hebben opgenomen. Dat neemt niet weg dat vooral inwoners van kleinere plaatsen vaak een flink eind moeten rijden voordat ze zulke producten kunnen kopen. Daar is vermoedelijk niet veel aan te doen, al zijn er inmiddels wel enkele bezorgdiensten voor milieu- en/of diervriendelijke voedingsmiddelen. Die zijn waarschijnlijk alleen economisch rendabel wanneer ze op een vrij grote schaal kunnen opereren. Het valt te overwegen dat de overheid het opzetten van zulke diensten stimuleert door middel van startsubsidies of iets dergelijks. Daarbij ligt dan wel het gevaar van concurrentieverstoring op de loer.

Claims en keurmerken

Er zijn boerenzuivelproducten op de markt met op de verpakking een idyllisch plaatje van een koe in een mooi groen, zonovergoten polderlandschap met een molen op de achtergrond. Zo'n afbeelding suggereert dat koeien altijd in de wei lopen (om maar te zwijgen over het altijd schijnende zonnetje...). Dit hoeft in de praktijk helemaal niet het geval te zijn. Er zijn bedrijven waar de koeien alleen naar buiten komen als ze ziek zijn. De zaken worden mooier voorgesteld dan ze zijn. Als de verantwoord kopende consument daar achter komt, kan men hem of haar moeilijk verwijten maken als die consument vervolgens weer naar het goedkopere 'standaardproduct' grijpt.

Voor de overheid en het georganiseerde bedrijfsleven liggen er verantwoordelijkheden ervoor te zorgen dat een duidelijk systeem van keurmerken ontstaat. Dit helpt consumenten de zekerheid te bieden dat claims op het gebied van milieu en dierenwelzijn inderdaad gedekt worden door het keurmerk. Er zijn nu zoveel keurmerken dat de consument door de bomen het bos niet meer ziet. De Jonge en Goewie (2000) sommen voor eieren wel acht keurmerken op. Alleen het EKO-keurmerk heeft brede bekendheid en staat garant voor een milieu- en diervriendelijke productie. Daarnaast zijn er andere productiewijzen dan de ecologische, die als milieu- en diervriendelijk kunnen worden gekwalificeerd. In de praktijk ligt het veel genuanceerder dan de keurmerken suggereren. Tussen gangbaar en biologisch ligt een heel scala van milieu- en dier(on)vriendelijkheid. Bovendien wordt de gangbare productie ook geleidelijk milieu- en diervriendelijker. De consumenteninformatie dient bij deze situatie aan te sluiten. Dat kan door de voedingsmiddelen te rubriceren naar de mate van milieu- en diervriendelijkheid van de productie.

Er zijn puntensystemen ontwikkeld voor de mate van milieuvriendelijkheid - in het kader van de Agro-milieukeur of bij de milieubewuste teelt - waarbij de diverse milieuaspecten van de productie worden gewogen. Ook heeft het Centrum

116

voor Landbouw en Milieu (CLM) - naar ik meen in opdracht van het landbouwbedrijfsleven - een puntensysteem ontwikkeld om agrarische bedrijven te rubriceren, met de bedoeling daar een fiscale regeling aan te koppelen. Het zogenaamde DOP-systeem (duurzame ondernemerspunten) is hieruit voortgekomen. De Jonge en Goewie (2000: 88) wijzen op het bestaan van een 'dierenwelzijnsindex' in Duitsland, waarmee in één cijfer de score van het betreffende productiesysteem op dit onderdeel kan worden weergegeven. Het lijkt dus in elk geval mogelijk de milieu- en diervriendelijkheid van de productiewijze op het agrarisch bedrijf in enkele cijfers te vatten.

Stippensysteem

Die cijfers moeten vervolgens vertaald worden naar een voor consumenten overzichtelijke rubricering. Dat kan in de vorm van een of twee cijfers of in de vorm van groene sterren of stippen of iets dergelijks. Eerder zijn zulke systemen al voorgesteld, waaronder dat van een driedeling in een 'roodmerk', 'zilvermerk' en 'goudmerk' (zie De Boer, 1995 of Vereijken, 1990). Een driedeling is mogelijk wat te grof, maar het idee is dat voorkomen wordt dat de supermarkt meer en meer het karakter krijgt van een leeszaal en etiketten dat van boekwerken. Als variatie op het thema is te denken aan het hanteren van twee rijtjes stippen: één voor milieu- en één voor diervriendelijkheid. Hoe meer groene stippen, hoe milieuvriendelijker voortgebracht. Hoe meer blauwe stippen, des te diervriendelijker geproduceerd. Het is ook denkbaar voor dierlijke producten de beide indexen ineen te schuiven tot een 'duurzaamheidsindex'. Dat is voor de consument nog overzichtelijker en wekt minder verwarring wanneer een bepaald voedingsmiddel wél diervriendelijk is geproduceerd, maar weinig of niet milieuvriendelijk. Bij scharrelvlees zou zich zo'n situatie kunnen voordoen. Dat zou dan een gemiddeld aantal stippen krijgen. Een nadeel van ineenschuiven is dat consumenten een deel van de informatie missen, waardoor ze geen eigen afweging kunnen maken tussen milieu en dierenwelzijn. Ecovoedingsmiddelen zullen bij zo'n systeem waarschijnlijk de hoogste score behalen.

Een interessante vraag is of de rubricering op productieniveau vertaald kan worden in een vergelijkbare indeling op consumptieniveau. Voor onbewerkte producten als bloemkool of bloemen lijkt dit vrij eenvoudig. Maar voor een bewerkt product als kaas wordt het ingewikkelder: de melk van allerlei bedrijven wordt in een grote tank gedaan voordat er kaas van wordt gemaakt. Men zou dus moeten denken in de richting van enkele - bijvoorbeeld vijf - aparte ketens. Dit zou met de huidige automatisering doenlijk en realiseerbaar moeten zijn. Voor samengestelde voedingsmiddelen wordt het nog lastiger. Nu de regel- en controlemechanismen binnen de onderscheiden ketens steeds hechter worden, moeten zulke problemen toch oplosbaar zijn.

Een andere vraag is of de Europese Unie, of eventueel de Wereldhandelsorganisatie (WTO), geen lastige vragen gaat stellen als blijkt dat zo'n stippensysteem alleen op nationaal niveau uitvoerbaar is. Buitenlandse producten krijgen het dan moeilijker en dat is in strijd met de uitgangspunten van de vrije handel. Het zou daarom in beginsel beter zijn om zo'n systeem op EU-niveau te ontwikkelen, maar dat zal waarschijnlijk heel wat discussies opleveren over waarderingen en wegingen. Een derde vraagpunt, dat ik verder laat rusten, is of er op een of andere manier rekening moet worden gehouden met de milieu- en diervriendelijkheid in de fasen na de boerderij, dus bij de be- en verwerking van de producten en bij bijvoorbeeld het transport van de slachtdieren.

Er zitten dus zeker wat haken en ogen aan de hierboven geformuleerde gedachte. Gezien het belang van eenduidige en overzichtelijke informatie voor de consument lijkt het toch gewenst er verder over door te denken. De overheid zou rubricering van voedingsmiddelen naar milieu- en diervriendelijkheid verplicht kunnen stellen. Producten zouden in de laagste rubriek kunnen worden ingedeeld, tenzij de producent - in de praktijk de voedingsmiddelenindustrie - kan aantonen dat ze in een hogere rubriek thuishoren. Op die manier komt wat druk op het bedrijfsleven om aan dergelijke initiatieven mee te werken.

Financiële prikkels

Wanneer er een helder en betrouwbaar rubriceringssysteem is voor de mate van duurzaamheid van de productie van voedingsmiddelen, mag worden aangenomen dat een deel van de consumenten bereid is voor hoger gekwalificeerde producten meer te betalen. Hoeveel meer is moeilijk te zeggen en evenmin of het om een substantieel deel van de consumenten zou gaan. Mijn vermoeden is evenwel dat het effect vrij beperkt zal blijven zolang er sprake is van prijsverschillen van tientallen procenten tussen regulier en biologisch geproduceerde etenswaren. Voor Duitsland wordt een prijsverschil van 50 procent voor ecoproducten ten opzichte van gewone producten genoemd (Spiller, 2001). Dat prijsverschil wordt voor een (flink) deel veroorzaakt door hogere kosten voor de verwerking en distributie van de duurzaam geproduceerde voedingsmiddelen. Dit houdt weer voor een deel verband met de kleine omvang van dit marktsegment en het daarmee ten dele samenhangende gebrek aan concurrentie. Voor Nederland gelden prijsverschillen tussen biologische en gangbare producten van 20 tot 30 procent (Platform Biologica, 2001). Het is aannemelijk dat het prijsverschil kleiner is tussen niet-ecologisch, maar wel enigermate duurzaam geproduceerde voedingsmiddelen, en gangbare voedingsmiddelen.

Ook op het vlak van financiële prikkels zou de overheid baanbrekend bezig kunnen zijn door duurzaam geproduceerde voedingsmiddelen voor de consument goedkoper te maken. In dat verband is wel voorgesteld om voor ecoproducten de BTW - normaal 7 procent - te verlagen of zelfs achterwege te laten.

Dit is een aantrekkelijke gedachte, maar ze stuit op twee bezwaren. In de eerste plaats is het de vraag of de Brusselse regels een dergelijke differentiatie toelaten. In de tweede plaats houdt een tweetarievensysteem, net als de huidige keurmerken, onvoldoende rekening met de gevarieerde werkelijkheid.

Een mogelijk alternatief dat wellicht de voorkeur verdient, is de consument die verantwoord consumeert daarvoor te belonen via een premie of bonus. Dit is aan te sluiten bij het zojuist geopperde rubriceringssysteem: de premie wordt hoger naarmate de consument duurzamer koopt.

Dit zou als volgt vormgegeven kunnen worden. Ik ga ervan uit dat het met de moderne streepjescodesystemen en geautomatiseerde kassa's mogelijk moet zijn voor iedere aankoop het gemiddeld aantal groene stippen meteen uit te rekenen. Per stip krijgt de consument dan bijvoorbeeld 1 of 2 procent korting - de 'duurzaamheidsbonus' - op de aankoopprijs. Dus bij een systeem met vijf rubrieken krijgen consumenten een maximale korting van 5 of 10 procent als ze alleen maar ecoproducten of daarmee gelijk te stellen producten kopen. Consument betalen dan overigens nog heel wat meer dan wanneer ze alleen gangbare voedingsmiddelen zouden aanschaffen. De detaillist kan de kortingen declareren bij de overheid, bijvoorbeeld tegelijk met de BTW-verrekening. Een dergelijk systeem bestaat in feite al voor auto's en voor groene stroom, zij het dat daarbij de premie niet gekoppeld is aan de mate van 'milieuvriendelijkheid'. De kortingsregeling kan voor een deel bekostigd worden uit de middelen die beschikbaar zijn voor producenten die milieu- en diervriendelijker gaan produceren. Het accent wordt dus verlegd van producent naar consument.

Als deze manier van financiering ongewenst wordt geacht of te weinig oplevert, is te overwegen de BTW op voedingsmiddelen iets te verhogen. Bij een totale afzet van voedingsmiddelen van ongeveer 30 miljard euro, levert een verhoging met een half procent al aardig wat op. Over 10 procent van de afzet zou dan een gemiddelde bonus van 5 procent kunnen worden gegeven. Wanneer de regeling succesvol is, gaat ze uiteraard meer kosten. Daar staat tegenover dat de verschillen in distributiekosten geleidelijk zullen verminderen naarmate meer duurzaam voortgebrachte producten worden verkocht. Verder mag worden aangenomen dat het verschil in kostprijs tussen gangbare en duurzame producten geleidelijk kleiner wordt met het aanscherpen van de duurzaamheidseisen - te vertalen in heffingen, en dergelijke - die aan de gangbare productie worden gesteld. De prijsverschillen tussen ecologische en gangbare voedingsmiddelen zullen dan waarschijnlijk ook kleiner worden, zodat de kortingsregeling geleidelijk kan worden afgebouwd of afgezwakt.

Resumé

In dit essay is geprobeerd enkele concrete mogelijkheden aan te geven om het verschil tussen de houding van de burger en zijn koopgedrag als consument te verkleinen. Daarbij is aansluiting gezocht bij redenen die de consument aangeeft om geen ecologische voedingsmiddelen te kopen. Naast het bevorderen van de beschikbaarheid van duurzaam of verantwoord geproduceerde voedingsmiddelen, wordt voorgesteld een rubriceringssysteem te introduceren. Dit systeem maakt het voor de consument in de winkel mogelijk in een oogopslag te zien hoe milieu- en/of diervriendelijk een bepaald voedingsmiddel is geproduceerd. Hieraan wordt een premie- of bonusregeling gekoppeld, die consumenten méér oplevert naarmate ze milieu- en diervriendelijker kopen. De regeling kan zo nodig worden gefinancierd met een kleine verhoging van de BTW op voedingsmiddelen. Met de introductie van zo'n systeem, waarmee transparantie en financiële prikkels voor de consument aan elkaar gekoppeld worden, kan 'de politiek' de klaagzangen over het tekortschieten van de marktpartijen omzetten in een maatregel die de duurzaamheid echt ten goede komt. Tegelijkertijd wordt de ontwikkeling van een duurzame landbouw vanuit de vraagkant bevorderd.

Referenties

Aarts, M.N.C., H.M. te Velde & C.M.J. van Woerkum (2001) 'Eten, maar niet willen weten: Veehouders en consumenten over de omgang met dieren in de veehouderij'. In: M.N.C. Aarts et al. & C. Hanning et al., *Hoe oordelen we over de veehouderij?* Den Haag: Rathenau Instituut, pp. 21-114.

Boer, L. de (1995) 'Zilvermerk als aanvulling op gangbare teelt'. *Agrarisch Dagblad*, 7 februari, p. 2.

Commisie Veerman (2001) *Naar een duurzame en vitale landbouwsector in Nederland.* Den Haag: CDA.

Filius, P. & P. van Meegeren (1996) *Perspectieven voor een milieuvriendelijke voedselconsumptie: Een onderzoek naar beweegredenen voor de aankoop van voedingsmiddelen voor de warme maaltijd en de perspectieven voor milieuvriendelijk aankoopgedrag onder de leden van de NVVH.* Wageningen: Wetenschapswinkel Landbouwuniversiteit.

Jonge, F.H. de & E.A. Goewie (2000) *In het belang van het dier: Over het welzijn van dieren in de veehouderij.* Assen/Den Haag: Van Gorcum/Rathenau Instituut.

Platform Biologica (2001) *Eko-monitor.* Utrecht: Platform Biologica.

Schmeets, H. & F.W.E. Otten (2000) 'Maatschappelijke oriëntaties en milieubewust gedrag'. *CBS Kwartaalbericht Milieu*, 4, pp. 34-37.

Spiller, A. (2001) 'Preispolitik für ökologische Lebensmittel: Eine neo-Instltutlonalistische Analyse'. *Agrarwirtoohaft*, 50(7), pp. 451-455.

Tacken, G. & P. van Horne (2002) 'Verbod legbatterijen vraagt aanpassing koopgedrag consument'. *LEI Agrimonitor*, april, pp. 13-14.

Vereijken, P. (1990) 'Sterren voor de biologische boer' In: J. Juffermans, P.C. Meijer & C.D. Nootenboom (red.) *Naar een gezonde landbouw.* Boxtel: De Kleine Aarde, pp. 8-9.

De gespleten consument

Garmt Dijksterhuis

Niemand zal beweren dat de mens altijd en overal een volledig rationeel en toerekeningsvatbaar wezen is. Niemand, behalve veel consumentenwetenschappers en marktonderzoekers. Veel van hun gangbare onderzoeksmethoden veronderstellen een rationele consument die zich altijd van zijn/haar keuzen bewust is en deze betrouwbaar aan de onderzoeker kan rapporteren. Dat dit leidt tot misverstanden, verkeerd beleid en falende nieuwe producten is onvermijdelijk. In dit essay wordt het probleem toegelicht aan de hand van de tegenstelling tussen consument en burger. Dit is overigens een paradox omdat de tegenstelling meer een gevolg is van inadequate onderzoeksmethoden dan dat zij inherent aan de consument of de burger zelf is.

Politiek en maatschappij

'De maatschappij, dat ben jij', is een slogan die ik heb onthouden. Deze slagzin geeft aan dat iedereen deel uitmaakt van de maatschappij en hiervoor ook verantwoordelijk gehouden kan worden. Hoe de maatschappij is ingericht, is een gevolg van het gedrag van de individuen, al of niet verenigd in groepen. De maatschappij blijkt maar in zeer beperkte mate maakbaar en dit komt doordat individuen zich moeilijk laten sturen door beleid. Waar komt beleid vandaan? Voor een deel is het een gevolg van informatie die de politiek tot zich neemt via verkiezingen, onderzoek en andere manieren van contact met burgers. De burger spreekt zich uit en de politiek tracht dit te vertalen in beleid. Dit is het hoogste niveau waarop de burger-consumentparadox zich openbaart. De meningen die de burger heeft gegeven blijken niet altijd te stroken met de manier waarop diezelfde burger zich gedraagt onder de regels van het beleid. Consumptiegedrag lijkt van een andere orde dan het antwoordgedrag van burgers, het komt hier immers vaak niet mee overeen. Is dit een probleem van het te grote aggregatieniveau, waardoor het voor een gemiddelde burger gewoon niet opgaat? Of is het een probleem dat ook bij de individuele burger ligt?

Burger en consument

Steeds vaker wordt gerefereerd aan de kloof tussen de resultaten van consumentenonderzoek en het gedrag dat dezelfde consumenten vertonen. Komt dit door een onbetrouwbare consument of kan het misschien aan het onderzoek liggen? Vragen in interviews en enquêtes worden beantwoord door respondenten die hun ideeën onder woorden moeten brengen. Dit dwingt ze om over de vraag, en de mogelijke antwoorden, na te denken. Het is goed mogelijk dat de respondent nog nooit eerder over een bepaalde vraag heeft nagedacht. En dit misschien ook nooit zou doen als de interviewer zijn of haar pad niet had gekruist. Op deze wijze kan een enquête iets meten wat er eigenlijk niet is.

De tegenstelling tussen wat de burger zegt en wat de consument doet, komt voort uit twee verschillende hoedanigheden die in één persoon verenigd zijn. De burger is een idealist, terwijl de consument een realist is (zie Den Hartog, 2002).

Idealisme en realisme

In figuur 3 is een aantal krachten weergegeven dat op de persoon inwerkt. In deze figuur is de mens afgebeeld als bezitter van ideeën (idealist), innemer van informatie en uitvoerder van gedrag (realist). Deze mens is een *praktisch idealist*. In het praktisch idealisme wordt aan idealen grote betekenis toege-

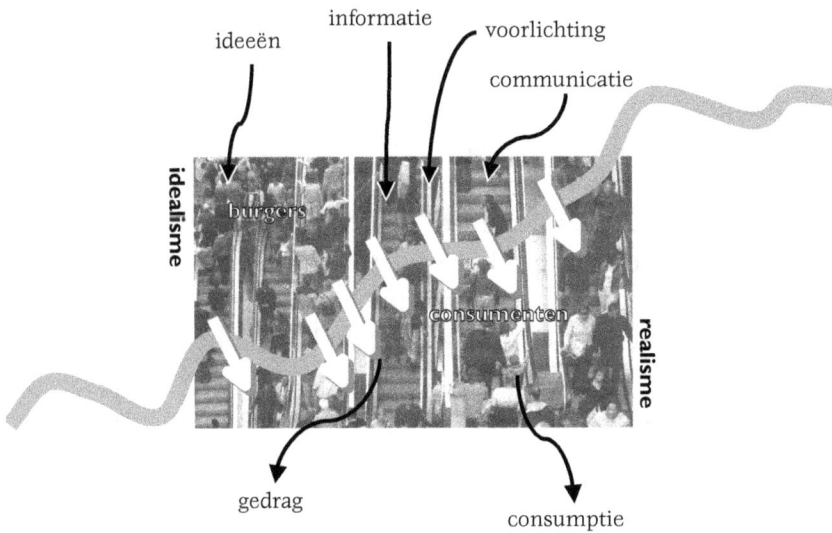

Figuur 3 - De burger-consument als bezitter van ideeën (idealist), innemer van informatie en uitvoerder van gedrag (realist).

kend doordat ze in staat worden geacht het leven te leiden en te hervormen. Dit lijkt in een notendop de filosofie van de persoon die, aangesproken als burger, bepaalde ideeën en idealen bezit. Deze idealen kunnen soms zeer romantisch zijn. Denk hierbij aan terug naar de natuur, biologische producten of maatschappelijk verantwoord ondernemen. Tegelijkertijd is de persoon, als consument, een realist en laat zich leiden door een direct waarneembare werkelijkheid en kiest, heel banaal, voor de onmiddellijk beschikbare, lekkere en goedkope voedingsmiddelen uit het schap. De houding van de burger kan haaks staan op het gedrag van de consument.

Houding en gedrag

Een houding of attitude is een predispositie om als respons op zekere prikkels een bepaald gedrag te vertonen. In de psychologie worden reeds lang attitudes gemeten en wordt gepoogd die als voorspellers van gedrag te gebruiken. Dit laatste gebeurt met wisselend succes. De mate van succes hangt onder meer af van de manier waarop de attitude is gemeten. Het meten van attitudes vindt vrijwel altijd plaats door middel van enquêtes. Deze enquêtes bevatten vragen als 'Eet u vaak in buitenlandse restaurants?' of 'Vertrouwt u nieuwe voedingsmiddelen?', wanneer het bijvoorbeeld gaat om het vaststellen van een voedsel-neofobie - dit is de houding die leidt tot het mijden van onbekende voedingsmiddelen. Grofweg: 'wat de boer niet kent, dat eet hij niet'.

Het meetinstrument, de enquête, doet een beroep op de cognitieve vermogens van de respondenten. Immers, ze worden geacht na te denken over het antwoord. De vraag moet worden geanalyseerd en de persoon gaat bij zichzelf te rade hoe een vraag te beantwoorden. Eenzelfde analyse ligt niet noodzakelijkerwijs ten grondslag aan het gedrag dat wordt getoond in de situatie die in de vraag is geschetst. Daadwerkelijk gedrag wordt eerder gestuurd door intuïtie dan door analyse van de situatie.

Analyse en intuïtie

Intuïtie lijkt een ongrijpbaar iets, veelal in het bijzonder aan vrouwen toegeschreven. Dit is minder een ongegronde 'volkswijsheid' dan men op het eerste gezicht zou denken. Het is een gegeven dat de communicatie tussen de linker- en de rechterhersenhelft bij mannen minder is dan bij vrouwen. De linkerhersenhelft is voornamelijk verantwoordelijk voor de cognitie, de analyse en de taal. De rechterhersenhelft daarentegen houdt zich, onder meer, bezig met emoties en gevoelens. Vrouwen kunnen zich daardoor bijvoorbeeld beter verbaal (linkerhelft) uiten over gevoelens (rechterhelft) dan mannen. Veel mensen, niet alleen vrouwen, kennen het verschijnsel dat ze een gevoel over iets hebben dat ze niet kunnen beredeneren maar dat toch

126

juist blijkt. Dit gevoel is een gevolg van intuïtieve, emotionele processen die niet voor analyse en verbalisatie toegankelijk zijn.

Het beantwoorden van vragen, bijvoorbeeld in een interview, dwingt een respondent tot reflectie en tot verbalisatie - beide processen van de linkerhersenhelft. Dit heeft tot gevolg dat onderliggende onbewuste motivaties en gevoelens, die zetelen in de rechterhelft, verborgen blijven. Deze zijn namelijk heel moeilijk onder woorden te brengen. De respondent gaat bij zichzelf op zoek naar antwoorden en zal daarbij de eigen voorkeuren en het eigen gedrag rationaliseren. Dit gebeurt achteraf en hoeft niets met de oorspronkelijke motivaties te maken te hebben. De consument is zich dus van veel van zijn motieven niet bewust. Er is veel informatie impliciet in het geheugen aanwezig, die niet gemakkelijk expliciet wordt.

Expliciet en impliciet

Psychologisch onderzoek heeft aangetoond dat we in het bezit zijn van kennis zonder dat we zelf weten dat we het weten. Deze onbewuste kennis beïnvloedt ons gedrag zonder dat we dit in de gaten hebben. Onderzoek naar het effect van prikkels die onder de waarnemingsdrempel liggen, heeft laten zien dat deze prikkels toch een effect op later gedrag kunnen hebben. Deze prikkels zijn dus in een geheugen opgeslagen geweest, maar niet het expliciete geheugen waar we naar believen uit kunnen putten. Er is een impliciet geheugen, waarin zaken worden opgeslagen zonder dat we het in de gaten hebben. Verbalisatie ervan blijkt onmogelijk, expliciet onderzoek naar deze kennis, bijvoorbeeld door ernaar te vragen, zal onbruikbare antwoorden opleveren.

In een recent onderzoek naar omgevingsgeuren bleken proefpersonen omgevingen aan geuren te koppelen in overeenstemming met de geuren van omgevingen waar ze eerder in gebracht waren. Bij navraag meldden de proefpersonen in een bepaalde omgeving beslist nooit een geur te hebben waargenomen. Ze konden dus ook niet goed aangeven waarom ze een bepaalde geur bij een bepaalde omgeving vonden passen (Degel et al., 2001). De impliciete kennis van de geuren heeft hun keuze gestuurd zonder dat ze zich daarvan bewust waren. Deze paradox tussen expliciete en impliciete kennis is een voorbeeld van een klassieke tegenstelling in de psychologie: die van het primaat van de cognitie of van de emotie.

Cognitie en emotie

In 1984 verschenen in het tijdschrift *American psychologist* twee artikelen. Eén met de titel 'On the primacy of cognition' (Lazarus, 1984). Een ander getiteld 'On the primacy of affect' (Zajonc, 1984). Deze artikelen verwoorden twee tegenstrijdige standpunten over het functioneren van de mens. Het eerste gaat ervan uit dat er altijd enige kennis noodzakelijk is teneinde een emotie te ondergaan. Eerst wordt een situatie geanalyseerd, daarna pas kan er een gevoel aan gekoppeld worden. Het tweede artikel zegt dat de emotie eerst optreedt, daarna kan eventueel kennis volgen. Kennis is dus geen voorwaarde om een gevoel te krijgen. Deze cognitie/emotiecontroverse ligt ook ten grondslag aan de tegenstellingen in de voorgaande paragrafen: politiek en maatschappij, burger en consument, idealisme en realisme, houding en gedrag, analyse en intuïtie en expliciet en impliciet geheugen.

In een visie op de mens als primair een rationeel handelend wezen is het mogelijk de consument en de burger als één te zien. De ideeën van de burger hebben het handelen van de consument tot gevolg en dit vindt plaats na rationele overweging. Het is vanuit deze filosofie dat veel informatievoorziening aan consumenten plaatsvindt: 'Wanneer het maar tot de consument doordringt dat te veel en te vet eten slecht is, dan zal hij zijn gedrag wel aanpassen.' Als dit waar zou zijn, is geen toename van overgewicht meer te verwachten nadat er een aantal malen 'Let op vet!' is geroepen. De persoon wordt als burger aangesproken en er wordt van hem of haar verwacht het eet- en aankoopgedrag aan te passen. Zoals hierboven beargumenteerd is, wordt veel gedrag, dus ook eet- en koopgedrag, niet door de burger maar door de consument gedaan. Dit is dezelfde persoon, maar in een andere hoedanigheid, die zich geconfronteerd ziet met keuzen waar zijn cognities maar ten dele iets over te zeggen hebben. Veelal zijn het de verborgen gevoelens die op het moment van keuze de doorslag geven.

Dat de emotie de cognitie de baas is, wordt geïllustreerd in een groot aantal onderzoeken (zie Zajonc, 1980). In één type onderzoek worden prikkels zo kort aan proefpersonen aangeboden dat herkenning uitgesloten is. Echter, een affectieve uitspraak blijkt dan nog wel mogelijk én is in overeenstemming met wat over de voorkeur van de individuele proefpersonen bekend is. De emotionele waarde is dus waargenomen zonder dat het object geïdentificeerd was. Blijkbaar is de emotie sneller dan de cognitie. Gezien in een evolutionair perspectief moet dit ook. Een dier, en ook de mens, krijgt in kritieke situaties niet de tijd voor uitgebreide analyse. Degenen die die tijd wel namen, zijn opgegeten of verhongerd. In zulke gevallen moet snel worden besloten: wegwezen bij gevaar, erachteraan bij een prooi.

Nieuwe en oude systemen

Het gedrag dat getoond wordt bij negatieve prikkels (vluchten) of bij positieve prikkels (vangen en eten van een prooi) maakt deel uit van het gedragsrepertoire van alle zoogdieren en staat maar in beperkte mate onder invloed van de wil. Bij de mens is dit gedrag terug te vinden in voedselvoorkeursgedrag. In de strijd tegen het toenememde overgewicht van de bevolking moet men zich realiseren dat we proberen met 'nieuwe' middelen, cognitie en bewustwording, een heel 'oud' systeem te lijf te gaan. Dat dit geen succesvolle benadering is, is in het licht van de cognitie/emotiecontroverse begrijpelijk.

Het evolutionair perspectief geeft ons ook een aardig zicht op de zintuigen. Het ene zintuig is evolutionair veel ouder dan het andere. Het geurzintuig is veel ouder dan het visuele of auditieve zintuig. De reukzenuw is direct verbonden met evolutionair oude hersenen en er is maar weinig nieuwe hersenmassa die zich met geurwaarneming bezighoudt. Het onder woorden brengen van geursensaties is daarom ook erg moeilijk. Als gevolg hiervan is veel onderzoek verricht aan de visuele en auditieve zin en veel minder aan de reukzin. Er is veel meer bekend over wat vroeger de 'hogere zintuigen' werden genoemd. Dit waren typisch menselijke verworvenheden, en daarmee nam men kunst en cultuur waar. De 'lage', dierlijke zintuigen, de reuk, de smaak en het gevoel hadden slechts met platte lusten te maken, zoals eten en seks. Deze waren een ontwikkeld mens eigenlijk onwaardig. Dit idee is tegenwoordig verlaten. Maar als gevolg ervan bestaat er nog steeds een achterstand in de kennis van de 'lage' zintuigen. Eveneens stammen veel methoden uit de onderzoekspraktijk van de 'hoge' zintuigen (Köster, 2000). Dit werkt door in hedendaags onderzoek waar onevenredig meer aandacht bestaat voor cognitieve, bewuste processen van voedselkeuzegedrag dan voor de onderliggende, vaak verborgen, motivaties voor keuzen. Het is natuurlijk niet verantwoord alle voedselvoorkeuren hieruit te verklaren. Bij de mens speelt immers de maatschappelijke, culturele en economische inbedding van het voedselaanbod ook een rol. Toch is het belangrijk erbij stil te staan dat de motivatie voor voedselvoorkeuren vaak niet voor de consument zelf toegankelijk is.

Bewust en onbewust

De informatie die de consument bereikt, verdwijnt niet in een zwart gat. Zó eenvoudig zit de consument nu ook weer niet in elkaar. In figuur 3 zijn witte pijlen getekend die het kronkelige lijntje tussen idealisme en realisme kruisen. Deze pijlen verbeelden de vertaling die de persoon maakt van ideeën, of van idealen, in gedrag. Deze vertaling kan bewust plaatsvinden, maar zal ook vaak via internalisatie plaatsvinden waarbij de persoon de ideeën tot eigen waarden maakt. Deze waarden hoeven niet voor de persoon zelf expliciteerbaar te zijn; ze kunnen resulteren in een onbewuste houding. Ook voor houdingen geldt dat ze bewust of onbewust kunnen zijn (Wilson et al., 2000). Het meeste attitudeonderzoek richt zich op bewuste houdingen. Hoeveel potentieel verklarend vermogen daarmee onzichtbaar blijft, is onbekend. Gezien de soms lage correlatie tussen houding en gedrag zal meer aandacht voor onbewuste houdingen lonen.

Het internalisatieproces lijkt ook een centrale rol te spelen als het gaat om gedragsverandering. De door voorlichting en communicatie aangereikte informatie kan in eerste instantie leiden tot een kortetermijngedragsverandering door toedoen van cognitieve interventie van de persoon zelf. Echter, een terugval tot het aanvankelijk getoonde gedrag is vaak niet te vermijden. Iedereen die ooit is gestopt met roken zal dit kunnen beamen. Een langeretermijneffect kan worden bereikt wanneer de persoon de informatie internaliseert en omzet in eigen waarden. Dit is een langzaam proces waarvan de snelheid zal afhangen van de betreffende informatie en het bijbehorende gedrag. De resultaten zullen niet altijd expliciet gemeten kunnen worden - zéker niet ten aanzien van onbewust verlopende processen. Ten aanzien van de realisatie van verandering in het aankoopgedrag, zal het uiteindelijke succes van een campagne pas op de lange termijn gemeten kunnen worden, bijvoorbeeld aan veranderende verkoopresultaten.

Vernieuwing van consumentenonderzoek

Hoe een communicatiestrategie zo in te richten dat internalisatie plaatsvindt met het beoogde effect, is een onderwerp voor verder onderzoek. De bouwstenen voor dit onderzoek worden aangereikt door de experimentele psychologie, waar ruim aandacht voor onbewuste processen en voor impliciete kennis aan moet worden toegevoegd. Het onderzoeksapparaat dient te worden vernieuwd, waarvoor grote creativiteit in het ontwerpen van experimenten nodig is en kennis van vertrouwde onderzoeksmethoden soms overboord zal moeten. Niet alleen aan de voorlichtingskant is verandering nodig, ook aan de productiezijde is behoefte aan vernieuwing. Het is bekend dat een hoog percentage van nieuwe producten op de markt faalt. Dit percentage is al jaren min of meer constant en lijkt zich niets van onderzoeksinspanningen aan te trekken. Wanneer we bereid zijn hieruit de conclusie te trekken dat een deel van het consumentenonderzoek blijkbaar niet de juiste vragen stelt, of beantwoordt, dient zich de mogelijkheid aan hier ook iets aan te doen.

Dat de mens een rationeel wezen is dat zijn eigen gedrag altijd volledig in de hand heeft, is een illusie. De mens wordt geleid door twee onafhankelijke systemen, een cognitief en een affectief, waarvan het laatste het snelst is en zelden aan de oppervlakte komt omdat 'woorden tekortschieten'. De mens is burger en consument, twee gezichten die hier worden gekoppeld aan het cognitieve en affectieve functioneren. Consumentenonderzoek richt zich traditioneel op de cognitieve houding van de burger, terwijl het onderzoek eigenlijk affectief gedrag van de consument wil meten. Er is een theoretisch kader, de cognitie/emotiecontroverse, dat voldoende houvast geeft om consumentengedrag op een andere manier te onderzoeken. De transitie van beschrijvend naar verklarend, en daarmee voorspellend, consumentenonderzoek komt hiermee binnen handbereik.

Referenties

Degel, J., D. Piper & E.P. Köster (2001) 'Implicit learning and implicit memory for odors: The influence of odor identification and retention time'. *Chemical Senses*, 3, pp. 267-80.

Hartog, L. den (2002) 'Er is een veehouderij met toekomst en er is een toekomst met veehouderij'. Inaugurele rede Wageningen UR, 28 februari.

Köster, E.P. (2000) 'Psychophysics and sensory analysis in the 'lower' senses'. In C. Bonnet (ed.): *Fechner day 2000: Proceedings of the sixteenth annual meeting of the International Society for Psychophysics.* Strasbourg, pp. 79-84.

Lazarus, R.S. (1984) 'On the primacy of cognition'. *American Psychologist*, 39, pp. 124-129.

Wilson, T.D., S. Lindsey & T.Y. Schooler (2000) 'A model of dual attitudes'. *Psychological review*, 107, pp. 101-126.

Zajonc, R.B. (1984) 'On the primacy of affect'. *American Psychologist*, 39, pp. 117-123.

Zajonc, R.B. (1980) 'Feeling and thinking: Preferences need no inferences'. *American Psychologist*, 35, pp. 151-175.

Homo historicus

Naar nieuwe mengvormen van staat en markt

Zonder betrokken burgers geen betrokken consumenten

Anton Schuurman

Binnen de landbouwsector is het al jarenlang een frustratie dat mensen als burgers bij de overheid klagen over de teloorgang van het landschap en over de industriële wijze waarop in Nederland de landbouw wordt beoefend, terwijl mensen als consumenten in de winkel in de eerste plaats kijken naar de prijs, waardoor duurdere productiemethoden met meer oog voor het landschap en de dieren geen kans krijgen. In deze bijdrage wil ik vanuit historisch perspectief aangeven waarom we tegenwoordig meer van de consumenten zijn gaan verwachten én waarom ze niet aan deze verwachting voldoen.

Nadenken over burgers en consumenten betekent nadenken over de inrichting en organisatie van de samenleving. Met de begrippen burgers en consumenten wordt naar twee verschillende posities en rollen van mensen in een samenleving verwezen. Het begrip burgers verwijst naar een samenleving en naar het bestuur ervan: de overheid. Het begrip consument naar de markt. Burgers maken deel uit van en geven vorm aan een omschreven sociale gemeenschap waaraan zij rechten kunnen ontlenen en ten opzichte waarvan ze plichten hebben. Maar, wat omschreven is, is de groep, niét de terreinen waarop de groep zich beweegt. Deze groep heeft een aspect van continuïteit in zich. Consumenten, die betalen voor een specifiek product of dienst, hebben hiermee een relatie die momentaan en vluchtig is. In hoeverre deze posities en rollen van burger en consument elkaars tegengestelden zijn of juist in elkaars verlengde liggen, staat nog te bezien.

Handelingsbrandpunt

De afgelopen twee decennia is in het publieke domein het accent meer komen te liggen op de consumentenrol. Of het nu gaat om kwesties als prijsverhogingen onder invloed van de euro of de maatschappelijke verantwoordelijkheid van ondernemingen, het heil wordt niet in eerste instantie meer verwacht van de overheid of van ondernemers, maar van de consumenten. In plaats van dat de overheid regels oplegt aan de ondernemers, of dat deze zelf onderling afspraken maken, moeten de consumenten ondernemers afstraffen die te hoge prijzen rekenen, door ergens anders te gaan winkelen. In plaats van dat de overheid afspraken probeert te maken met de leiding van bedrijven die gebruikmaken van kinderarbeid of vervuilende energiemethoden, moeten de consumenten deze ondernemers op andere gedachten brengen, door andere producten te kopen.

De nadruk op consumenten is iets van de afgelopen twee decennia. Deze klemtoon hangt samen met veranderende opvattingen over de rol van de nationale overheid in het publieke domein, met de mogelijkheden van de nationale overheden zelf, en met een herdefiniëring van het publieke en privé-domein.

Direct na de Tweede Wereldoorlog ontstaat in Nederland een gemengde economie, die voortbouwt op aanzetten daartoe in de jaren '30 en op de rol van de staat in de Tweede Wereldoorlog. Ook de verzorgingsstaat - waarvan het begin teruggaat op ontwikkelingen in de negentiende eeuw - ontwikkelt zich. De nationale staat in West-Europa groeit na de wereldoorlogen uit tot het handelingsbrandpunt bij uitstek. De overheid wordt steeds meer gezien als een neutrale hoeder van het algemeen belang, die sociale conflicten en achterstellingen kan beslechten en oplossen. Binnen de nationale staat worden regels opgesteld die voor iedereen gelden: op het gebied van werk- en winkeltijden, werk- en woonomstandigheden of onderwijs.

Vertrouwen en democratie

Het vertrouwen in de overheid is om twee redenen in de loop der tijd gegroeid. Ten eerste geeft het praktische voorbeeld van haar optreden daar aanleiding toe. Bovendien vindt er, parallel aan het proces dat de nationale overheid zich met meer sectoren van het maatschappelijk leven gaat bemoeien, een democratiseringsproces plaats. Steeds meer groepen mensen krijgen passief en actief stemrecht. Na de Eerste Wereldoorlog worden in veel landen belemmeringen voor het kiesrecht geslecht. Verder ontstaan politieke partijen waarin parlementariërs samenwerken in een gemeenschappelijk programma, om daarmee zoveel mogelijk steun te verwerven van de kiezers en stem te geven aan wat bij de soevereine burgerbevolking zelf leeft. Daarnaast krijgen belangrijke andere regulerende organisaties voor het maatschappelijke leven vorm, zoals boerenorganisaties, vakbonden, werkgeversorganisaties en middenstandsorganisaties

In Nederland krijgen zowel de partijpolitieke als de maatschappelijke organisaties een specifiek karakter door de verzuiling. Kerk en Staat zijn welismaar officieel gescheiden, maar kerk en maatschappij zijn in realiteit inniger vervlochten dan ooit. Er is sprake van een bloeiende en actieve *civil society.*

De ervaringen van de beide wereldoorlogen en de bestrijding van de economische malaise van de jaren '30 van de twintigste eeuw hebben de overheid veel expertise gegeven. Burgers gaan overheidsingrijpen accepteren omdat het succesvol is en omdat de ingrijpende gebeurtenissen van de oorlogen de burgerzin hebben gesterkt.

Na de Tweede Wereldoorlog wordt de bemoeienis van de overheid met de maatschappij nog intensiever en zet het succes zich voort. In de jaren '50 en '60 van de twintigste eeuw herstelt West-Europa zich op een indrukwekkende wijze van de oorlog. (In de historische handboeken wordt deze periode tegenwoordig aangeduid als de *Golden Age* of *Les années glorieuses.*) Het vertrouwen in het regime van een gemengde economie is breed gedragen. Gemengd, in de betekenis dat de overheid niet een volledig geleide economie nastreeft, zoals in de communistische landen, met de Sovjet-Unie voorop (hoewel daar het economische systeem zich ook lijkt te bewijzen), maar een systeem waarin markt en overheidsplanning en -ingrijpen (privaat en publiek) naast elkaar bestaan en elkaar aanvullen. Het vertrouwen in dit systeem van gemengde economie is zelfs zo groot dat men geloof gaat hechten aan een convergentie tussen het 'Westerse' kapitalistische systeem en het communistische systeem. Aan dit vertrouwen ligt een absoluut geloof in de wetenschap ten grondslag, dat niet in de laatste plaats gevoed wordt door levende vooruitgangsgedachten over de sociale wetenschappen. Psychologen zouden de menselijke ziel doorgronden, sociologen het functioneren van de maatschappij en economen dat van de economie. De progressie die deze disciplines boeken in de naoorlogse decennia, sterkt het vertrouwen in de maakbare samenleving. De steen der wijzen zou onder handbereik zijn... Zo ontstaat een euforische stemming die niet onderdoet voor die over de Nieuwe Economie nog maar kort geleden.

Veranderende wereld

In de jaren '70 van de twintigste eeuw stuit het nationale systeem echter op zijn grenzen door een combinatie van incidenten en structurele factoren. Weliswaar reageren overheden zelfbewust op de neergaande economische conjunctuur, dit kan niet verbloemen dat de vertrouwde economische recepten niet langer meer werken. En even erg: de zo moeizaam en trots opgebouwde arrangementen van de verzorgingsstaat met al zijn volksverzekeringen, blijken niet langer vol te houden. De werkloosheid neemt snel toe en doet de uitgaven aan sociale ondersteuning stijgen. Verder verandert de mentaliteit van de burgers. Zij beginnen zich als consumenten te gedragen. De verzorgingsstaat blijkt een demoraliserend effect te hebben:

ook als je niet werkt, heb je inkomen. En deze staat wordt niet langer gezien als een instituut waarop je pas een beroep doet nadat alle andere mogelijkheden zijn uitgeput. Nee, je hebt recht op ondersteuning, want je hebt er immers zelf voor gewerkt en betaald. De nationale staat is domweg de grootste verzekeringsmaatschappij geworden met aan het hoofd de minister-president.

Tenslotte zijn ook de geografische, politieke, economische en culturele omstandigheden, waarin de gemengde economie en verzorgingsstaat voordien optimaal hebben gefunctioneerd, veranderd. Militaire samenwerking, internationale politieke samenwerking, mensenrechten, internationale financiële markten, transnationale ondernemingen, migratie, transnationale milieuproblemen, transnationaal terrorisme veranderen de rol en positie van de nationale staat. De nationale staat is niet zozeer overbodig als wel dat ze minder autonoom kan functioneren als daarvoor. De grenzen tussen binnenland en buitenland zijn aan verandering onderhevig. Voor degenen tot wie dit nog niet wilde doordringen, wordt het duidelijk toen de socialist François Mitterrand in de vroege jaren '80 alsnog dacht zelfstandig een Keynesiaanse politiek te kunnen gaan voeren en dat niet bleek te werken. Na verloop van tijd realiseert Mitterrand zich - daarbij een handje geholpen door zijn eerste minister Mauroy en zijn minister van financiën Delors - dat Frankrijk niet in haar eentje de koers van de wereldeconomie kan veranderen, om zich vervolgens tot Europeaan te transformeren.

De relatie burgers en overheid

Ook de relatie tussen burgers en overheid wijzigt in de jaren '50 en '60. Een voortgaand proces van individualisering speelt hier een belangrijke rol. Door de ontkerkelijking in Nederland en de betere scholingsgraad komen burgers verder af te staan van hun traditionele opvattingen en waardeoriëntaties. De toegenomen financiële zorg van de overheid voor alle afzonderlijke leden van de samenleving, maakt de binding tussen meer primaire groepen, bijvoorbeeld gezinnen, losser. Kinderen kunnen bij de overheid een studiebeurs krijgen in plaats van bij hun ouders te aan te kloppen. Bij de overheid zijn zijn financiële eisen de enige eisen die hier aan verbonden.

Na 1970 gaan ook de levenslopen van mensen meer uit elkaar lopen, waar in de periode na 1920 juist een standaardisering van de levensloop is opgetreden, met als gevolg een homogenisering van het ritme van de samenleving. Een steeds groter deel van de bevolking verlaat op ongeveer dezelfde leeftijd het ouderlijk huis om te trouwen en kinderen te krijgen. De verschillen hierin tussen de sociale klassen zijn eveneens relatief gering. Deze 'synchronisering' is deels het resultaat van wettelijke regels over werken, schoolgaan, drinken, filmkijken, deels van kerkelijke voorschriften en gebruiken en deels van allesoverheersende gebeurtenissen als de twee wereldoorlogen, de crisis van de jaren '30 en de wederopbouw.

Als teken van individualisering is ook het aan belang inboetende verenigingsleven te zien. De naoorlogse generaties voelen minder voor het verenigingsleven dan de vooroorlogse. West-Europa verschilt hierin niet van de Verenigde Staten, waarvoor de Amerikaanse socioloog Robert Putnam de mooie metafoor **van** *Bowling alone* heeft bedacht. Deze beeldspraak verwijst ernaar dat het verschil met vroeger niet kwantitatief is: het aantal mensen dat bowlt in de VS nog steeds even groot is als in de jaren '50, maar kwalitatief: toen werd er gebowld in club- en competitieverband, nu gebeurt dat individueel. Tegenvoorbeelden, van wat is te zien als een verlies aan sociale cohesie, in de vorm van maatschappelijke organisaties die groeien, blijken bij nader inzien de stelling niet te ontkrachten. Greenpeace en Natuurmonumenten zijn bijvoorbeeld sterk in ledental toegenomen, maar dat zijn organisaties waaraan men geld geeft en geen tijd. Scherp gesteld kan men zeggen dat, terwijl in de tweede helft van de negentiende eeuw en de eerste helft van de twintigste eeuw de eerste reflex er een was van 'we gaan ons organiseren en de problemen die we ontmoeten structureel oplossen', de eerste reflex na 1970 in toenemende mate er een wordt van '*sauve qui peut*'.

De voortgaande economische groei heeft deze veranderende houding van mensen alleen maar gestimuleerd. Door de verzorgingsstaat en de grotere welvaart verdwijnt het gevoel van bestaansonzekerheid meer en meer naar de achtergrond. Een ander klimaat van de omgang met geld ontstaat tegelijkertijd: mensen worden gestimuleerd hun geld uit te geven - dat is goed voor hen en voor de economie. Consumptie begint een belangrijkere plaats in te nemen in het leven en in de persoonlijkheidsbeleving: individualisering stimuleert consumptie en consumptie stimuleert individualisering.

Neoliberalisme

In navolging van vroegere voorbeelden gaan politici en bestuurders in de jaren '80 op deze veranderde maatschappelijke omstandigheden reageren. Margaret Thatcher, die in 1979 premier wordt in het Verenigd Koninkrijk, en Ronald Reagan, die in 1980 president van de VS wordt, staan beiden een politiek voor van een sterk terugtredende overheid ten gunste van een grotere rol voor de markt. Het ideaal van de maakbare samenleving wordt afgezworen om plaats te maken voor marktwerking als nieuw toverwoord. Dit gaat gepaard met het idee dat mensen eerst en vooral zelf verantwoordelijk zijn voor hun lot. De veronderstelling is dat hiermee beter wordt aangesloten bij de veranderde situatie. Toen vervolgens in 1989 met donderend geraas het communistische systeem in elkaar zakte - omdat het niet in staat was gebruik te maken van de capaciteiten van zijn burgers en het ze evenmin een consumptieniveau kon geven dat deze burgers wilden - en bovendien de economie in het Westen weer flink begon aan te trekken in de jaren '90, leek het pleit beslecht dat het neoliberalisme gelijk had. De ontwikkelingen bevestigen dat alles waarin de overheid haar hand had, zwakker was dan de onzichtbare hand van de vrije markt. De markt was een *winner*. Het grote privatiseren kon beginnen.

In het kielzog van de veranderde maatschappelijke opvattingen wordt de politiek steeds meer als een technocratische activiteit neergezet en minder als een keuzeproces. Acht jaren paars hebben in Nederland dit beeld versterkt. De beroemdste rede van voormalig premier Wim Kok is die waarin hij in het begin van Paars I spreekt over het afleggen van zijn ideologische veren. Met de gewijzigde houding van de nationale staat moesten ook de bedrijven veranderen door meer maatschappelijke verantwoordelijkheid te nemen. Als ze dat al niet uit zichzelf doen, dan zijn er altijd nog consumenten om hen daartoe te dwingen. *Brands* zijn immers gevoelig voor een negatief imago. Een bekend voorbeeld is Shell met de Brent Spar - een afgestoten olieplatform waarvan Greenpeace via een consumentenboycot afdwong dat het moest worden afgebroken in plaats van afgezonken. Achteraf is overigens duidelijk geworden dat Shell niet overstag ging vanwege de consumentenboycot, maar vanwege de aanslagen op benzinestations.

Het duurt tot na 2000 voordat de falen van het nieuwe systeem zichtbaar wordt. Opnieuw, net als in de jaren '70, komt dat door een combinatie van incidenten en structurele factoren. Wat toen de oliecrisis was, is nu *nine-eleven* (de aanval op de Twin Towers), het Enron-schandaal (de boekhoudkundige trucs om de bedrijfsprestaties op te schroeven) en de Californische energiecrisis (waarbij energiebedrijven een kwalijke rol hebben gespeeld door bewust hun capaciteit niet volledig te gebruiken en zodoende lieten blijken dat de energieprijs hun primaire doel was en niet het maatschappelijk goed functioneren van de energievoorziening).

Actieve consumenten vereisen actieve burgers

Wat leert nu deze historische terugblik over de relatie burger en consument en over die tussen (nationale) staat en burgers? Wat hebben we gezien? In het verloop van de twintigste eeuw leren mensen te vertrouwen op de nationale overheid om problemen op te lossen. Vanaf de jaren '70 van de vorige eeuw werkt dit systeem niet langer meer. Van binnenuit (individualisering) en van buitenaf (globalisering) worden de mogelijkheden, autonomie en soevereiniteit van de nationale staten ondermijnd. De mogelijkheden van die nationale staat blijken te zijn overschat. Als antwoord hierop wordt naar de markt gekeken, naar consumenten en bedrijven. Nu zien we wederom de beperkingen van de eenzijdige oriëntatie op de markt. Marktwerking kent haar gebreken. Ze heeft enkele fundamentele problemen, zoals de negentiende eeuw al had geleerd, maar die we gaandeweg weer uit het oog zijn verloren. De markt produceert slechts voor waar er koopkracht is - en is daarmee sociaal en regionaal bijziend. De markt is slecht in het rekening houden met de lange termijn - en daarmee ook met milieuvraagstukken en duurzame ontwikkeling. Wellicht het belangrijkste mankement van de markt is dat de markt geen samenleving produceert. Markten zijn echter wel goed in een heleboel andere dingen, waar juist de staat slecht in is. De overgang naar de markt is echter te absoluut en abrupt geweest. Daarbij deed deze overgang een beroep op een rol van bedrijven en consumenten die daar niet op waren voorbereid. Het was alsof autoritaire ouders van de ene op de andere dag tegen hun kinderen zeiden: nu staan jullie op eigen benen en moet je zelf beslissen.

Het is tijd de beide werkwijzen op een nieuwe manier te verbinden, want de situatie zoals deze vóór 1970 was, bestaat niet meer. Op allerlei manieren zien we dat de afgelopen jaren de ontwikkeling te eenzijdig is geweest. In reactie hierop wordt gezocht naar mengvormen en publiek-private initiatieven.

Tegelijkertijd is er weer meer aandacht voor het publieke domein en de *civil society.*

Wat belangrijk is, is dat we toestandsdenken inwisselen voor procesdenken. De samenleving is geen product dat burgers afnemen. De samenleving is een institutie waaraan zij gestalte geven. Burgerschap gaat om het publieke domein, democratie en zekerheid (*civil rights, political rights, social rights*). Die kan men niet kopen, want niemand kan ze geven. De samenleving wordt keer op keer gemaakt. Maar allerlei economische beslissingen kunnen beter via de markt geregeld en gerealiseerd worden.

Het is dus niet óf-óf, maar én-én. Er bestaan geen actieve consumenten zonder actieve burgers, en omgekeerd. Als we ons massaal van de maatschappij afkeren en puur in de markt willen leven, dan komen we van een koude kermis thuis. Want er is geen markt die een duurzame samenleving gestalte kan geven. Wanneer we ons weer massaal van de markt zouden afkeren, gaat het ook fout, want er is geen staat die weet hoe hij een economie moet runnen. We moeten daarom niet direct ongeduldig worden als mensen als consumenten goedkoop vlees en goedkoop onderwijs vragen en als burgers een mooi landschap en kwalitatief goed onderwijs willen. Ik hoop inzichtelijk te hebben gemaakt dat het om mentaliteiten gaat die samenhangen met de organisatie van de samenleving als geheel. We zullen mensen moeten stimuleren meer oog te krijgen voor de langere termijn en voorbij hun directe eigenbelang. Dat kost tijd en gaat met vallen en opstaan. Het vraagt bovendien om het bewust betrekken van mensen bij het publieke domein (hetgeen méér is dan het creëren van een oranjegevoel).

Zolang we een maatschappij ontwikkelen waarin we geen beroep doen op de betrokkenheid en activiteiten van mensen, waarom zouden dan diezelfde mensen als ze melk kopen ineens maatschappijbetrokken zijn? Betrokken burgers zullen ook betrokken consumenten zijn. Het zijn, kortom, mensen die enerzijds beseffen dat ze invloed uit kunnen oefenen door via het politieke proces richting te geven aan de samenleving. Anderzijds zijn het mensen die zich realiseren dat ze via het feitelijk koopgedrag medebepalend zijn voor de aard en de kwaliteit van het aanbod, alsmede de omstandigheden waaronder het is gemaakt.

Referenties

Eijl, C. van & L. Heerma van Voss (red.) (2001) *Sociaal Nederland: Contouren van de twintigste eeuw*. Amsterdam: Aksant.

Felling, A., J. Peters & P. Scheepers (red.) (2000) *Individualisering in Nederland aan het einde van de twintigste eeuw: Empirisch onderzoek naar omstreden hypotheses*. Assen: Van Gorcum.

Held, D., A. McGrew, D. Goldblatt & J. Perraton (1999) *Global transformations: Politics, economics and culture*. Stanford: Stanford University Press.

Liefbroer, A.C. & P.A. Dykstra (2000) *Levenslopen in verandering: Een studie naar ontwikkelingen in de levenslopen van Nederlanders geboren tussen 1900 en 1970*. Den Haag: Sdu Uitgevers.

Putnam, R.D. (2000) *Bowling alone: The collapse and revival of American community*. New York: Simon & Schuster.

Regt, A. de (1993) *Geld en gezin: Financiële en emotionele relaties tussen gezinsleden*. Amsterdam: Boom.

SCP (2001) *Bedreven en gedreven: Een heroriëntatie op de rol van de rijksoverheid in de samenleving*. Den Haag: Sociaal en Cultureel Planbureau.

Yergin, D. & J. Stanislaw (1998) *The commanding heights: The battle between government and the marketplace that is remaking the modern world*. New York: Simon & Schuster.

Uitleiding

Lydia Sterrenberg & Hans Dagevos

Moeten we dan massaal overstappen op biologisch voedsel? Voldoet dat aan onze criteria van lekker, gezond en veilig? Het is wel duur. Ook dat is een overweging waarmee de consument worstelt.

Weten we wel wat we eten? We stellen onzelf ook steeds vaker vragen over de manier van fabriceren. Door de vele voedselschandalen van de laatste jaren is die vraag uiterst pregnant geworden en heeft voedsel een belangrijk onderwerp gemaakt van maatschappelijk debat. Is de intensieve manier waarop we in Nederland veeteelt bedrijven wel goed voor het dierenwelzijn? Gebruiken we in de akkerbouw niet te veel chemische bestrijdingsmiddelen? Wordt daar wel voldoende op toegezien door de overheid?

Kees de Vré, *Wat eten we?: De toekomst van ons voedsel*. Amsterdam: Uitgeverij Maarten Muntinga, 2003: 5-6.

De kwesties die *Trouw*-redacteur Kees de Vré aan de orde stelt, zijn in dit boek onderwerp van gesprek geweest. De auteurs hebben het gehad over biologische consumptie, over zorgen van mensen ten aanzien van de wijze waarop ons voedsel wordt geproduceerd, over overheidsverantwoordelijkheid, over de mate waarin mensen willen weten wat ze eten, of over hun afwegingen, variërend van duur tot duurzaam. Verder hebben de auteurs zich gebogen over de geschiedenis van de begrippen burger en consument, over marktonderzoek en over de *license to produce* van ondernemingen, om enkele andere punten te memoreren. De diverse thema's die de revue zijn gepasseerd, willen een bijdrage leveren aan het huidige en toekomstige debat over burgers en consumenten, zoals al in de Inleiding is aangegeven.

De essays hebben elk hun eigen merites en de auteurs volgen hun eigen(wijze) manieren van redeneren. Het past dan ook ze voor zichzelf te laten spreken. In deze afsluiting beperken we ons tot twee centrale punten. We doen dit naar aanleiding van de vraag die in de Inleiding al met zoveel woorden aan de orde is gesteld: wordt in het debat over het landbouwbeleid en voedingsland de tweedeling tussen burger en consument niet te snel en te oppervlakkig gebruikt? We behandelen deze vraag eerst aan de hand van de centrale kwestie van het realisme, de 'deugdelijkheid', van de geclaimde tegenstelling tussen burger en consument. Ten tweede gaan we in op de redelijkheid, de 'billijkheid', van het morele verwijt aan de consument of burger als ambivalent of hypocriet.

Rechter- en linkerhand

De burger vult met zijn rechterhand een enquête in over scharrelvlees, terwijl de consument met zijn linkerhand de kar bij de kiloknaller vult. Deze omschrijving van *Volkskrant*-redacteur Mac van Dinther hebben we aan het begin van dit boek geciteerd. Zijn beeldtaal is krachtig en spreekt dan ook tot de verbeelding. De linkerhand wil niet weten wat de rechterhand doet. Nu we toch in bijbelse termen spreken, kunnen we de verwante beeldspraak van de dominee en de koopman er wel even bijhalen. Is het immers niet zo dat de Nederlander een dominee én een koopman is? In de kerk predikt hij mooie gedachten en welluidende ideeën over waar zijn medemens goed aan doet. Buiten de kerk en buiten de zondag doet hij vervolgens vooral wat een goed koopman betaamt: wat goed is voor de eigen portemonnee. Hoe aansprekend en verleidelijk dit soort beelden ook zijn, ze doen door hun oppervlakkigheid niet automatisch recht aan de werkelijkheid. Op een bepaalde manier 'bevriezen' ze de situatie: we moeten er maar mee zien te leven, punt uit, discussie gesloten. Maar zoals uit de essays blijkt, is zo'n tweedeling als die tussen de burger en de consument, als een nieuwerwetse variant op de splitsing tussen de

dominee en de koopman, minder vanzelfsprekend en veel-
zeggend dan op het eerste gezicht lijkt.

Hoewel in de voorgaande essays niet wordt betwist dat er
verschillen zijn tussen oordelen die mensen desgevraagd geven
over bijvoorbeeld duurzaamheid of dierenwelzijn en wat daarvan blijkt bij aankopen in de supermarkt, wordt aangetekend
dat met het maken van een simpel onderscheid tussen burgers
en consumenten verschillende nuances verloren gaan. Bij
nader inzien valt het bijvoorbeeld op dat de begrippen burger
en consument en de verwachtingen over deze hoedanigheden
of rollen van mensen in de tijd veranderen. De burger, aldus
onder meer Michiel Korthals en Hans Dagevos, is niet meer de
brave, gezagsgetrouwe onderdaan die we van vroeger kennen
en die zich voegt naar alles wat de staat goeddunkt. Hij krijgt
steeds meer kenmerken van een (veeleisende) consument. De
hedendaagse consument is tegelijkertijd niet meer slechts
degene die op de markt gevrijwaard is van overheidsbemoeienis. Hij is ook een veeleisend persoon die rechten claimt en bij
zijn aankopen in meer of mindere mate een politiek perspectief hanteert en maatschappelijke oordelen kenbaar maakt.
Rollen of hoedanigheden van burgers en consumenten verschuiven; er zijn verschillen, maar ook overeenkomsten. Vanuit
een dergelijk perspectief is de geclaimde tweedeling sim-
plistisch, omdat burgers niet exclusief degenen zijn die politieke oordelen uiten en staan voor collectieve waarden en
belangen, en consumenten evenmin alleen het vizier gericht
hebben op goedkoop.

Hieraan refereert ook de aanduiding 'hybride', een term die
herhaaldelijk wordt gehanteerd door Wim Dubbink, Volkert
Beekman en Gert Spaargaren. Auteurs als Garmt Dijksterhuis,
Gert Spaargaren en Hans Dagevos gaan in op vereisten die aan
de (methodologische) benadering van toekomstig onderzoek
zijn te stellen als we de bijbehorende 'psychologica' van die
hybride burger-consumenten beter willen leren begrijpen. Met
andere woorden: wie zich in de discussie tevredenstelt met het
eenvoudige overzicht van een kloof tussen burger en consu-

ment, ontneemt zich de noodzaak en de animo tot het verwerven van verder inzicht. Inzicht in het complexe samenspel van aspecten waar mensen waarde aan hechten (van milieu tot veiligheid en van prijs tot dierenwelzijn, et cetera). Inzicht in waarom en wanneer consumenten zich niet calculerend gedragen (de essays van Paul Diederen of Cees van Bruchem) of burgers ongevoelig blijken voor immateriële of feminiene waarden (het essay van Volkert Beekman of dat van Gerda Casimir en Chris Dutilh). Inzicht in verborgen argumenten en emoties die meespelen bij percepties rondom voedsel(veiligheid) of aankoopbeslissingen (het essay van Garmt Dijksterhuis).

Wat met het bovenstaande wil zijn aangegeven, is dat de essays al met al bepleiten om verder te kijken dan algemeenheden. Niet alle 'consumensen' zijn hetzelfde en het is tijd om te differentiëren naar groepen en praktijken en met nieuwe onderzoekmethoden naar de afweging achter de oordelen en gedrag te kijken. De tegenstelling tussen de burger en de consument verwordt tot een patstelling als ze de veelheid van aspecten, die meespelen in de oordelen en het (aankoop) gedrag van mensen, ridiculiseert of negeert. Hiermee zijn we niet gebaat als we menselijke voorkeuren en keuzes beter willen begrijpen en, op basis daarvan, beter zicht willen krijgen op ontwikkelingen in de voedingsmarkt en de (on)mogelijkheden van overheidsbeleid om invloed op die ontwikkelingsrichtingen uit te oefenen.

Het morele verwijt voorbij

Het tweede punt waar we aandacht voor hebben is de 'billijkheid' van het morele verwijt dat wordt gemaakt of doorklinkt in het debat over burgers en consumenten. Hoe begrijpelijk dit ook mag zijn, gegeven het feit dat op het terrein van landbouw en voedsel de marktaandelen en maatschappelijke ambities voor allerlei duurzame producten en diensten uiteenlopen, een dergelijk verwijt is niet 'billijk' volgens de auteurs van de tien essays in deze bundel. Er worden geen argumenten aangedragen om morele verwijten te rechtvaardigen. Integendeel, de auteurs zijn eerder verontwaardigd over de verontwaardiging van mensen over 'saboterende' consumenten of 'overvragende' burgers. De auteurs kiezen voor praktijkgerichte of theoretische argumentaties om een morele stellingname over de opportunistische burger of berekenende consument te ontkrachten. Ook wordt, in het bijzonder door Anton Schuurman, maar ook in de essays van onder meer Michiel Korthals en Paul Diederen, de aandacht gevestigd op de maatschappelijk-institutionele omgeving en het heersende mentaal-culturele klimaat die medebepalend zijn voor de betrokkenheid van consumenten en wat ze kunnen en willen kopen.

Het zwartepieten is niet alleen onterecht, eensgezind kwalificeren de auteurs dit ook als onvruchtbaar en improductief. Het risico bestaat dat het snel gemaakte morele oordeel over de opportunistische consument of de schijnheilige burger leidt tot een 'verwerpelijk fatalisme', om Wim Dubbink te citeren. We bedoelen hiermee dat het morele verwijt als blokkade wordt opgeworpen om zich verantwoordelijk te voelen voor het zoeken naar oplossingen voor de spanning tussen hoge maatschappelijke ambities en achterblijvend koopgedrag. Het morele verwijt fungeert dan als een patstelling: het wordt een rechtvaardiging voor ketenpartijen en overheid om niet 'de handen uit de mouwen' te steken. Vervalt de legitimiteit van het morele verwijt in de richting van consumenten en burgers, dan wordt het ontzenuwd als ethisch of politiek argument om af te wachten en niets te doen, als de consument niet uit eigen beweging kiest voor het diervriendelijke of duurzame product. Het is tijd dat er wordt gestopt met het oneigenlijke gebruik van de burger-consumenttegenstelling als motief om zich (moedwillig) achter te verschuilen en zichzelf te ontslaan van het nemen van initiatief ten gunste van duurzamere vormen van voedselproductie en -consumptie.

Samenspel

Een redelijk en realistisch gebruik van het onderscheid tussen burgers en consumenten biedt geen oplossing voor de spanning tussen maatschappelijke (en politieke) wensen en de realisatie van die ambities. Ook de auteurs bieden op dit punt geen volledige oplossingen. Wel geven de essays aanleiding accenten in het onderzoek, het (politieke) debat of het beleid te verleggen. In de essays zijn verschillende zoekrichtingen te vinden. Een richting zoekt het in het zo goed mogelijk sturen van de burger-consument in de richting van duurzame producten en politiek gewenste productiemethoden. Hier ligt nog een terrein braak voor publieks- en consumentenonderzoek. Leer de afwegingen en het gedrag van de consument en burger beter kennen, om op basis daarvan maatschappelijke winst te boeken, is kort gesteld de aanbeveling. Zo'n benadering is niet bij machte te garanderen noch te realiseren dat de hele voedselproductie meer diervriendelijk en duurzaam wordt, is het commentaar dat hierbij is te geven. Verscheidene auteurs wijzen daarom naar een verantwoordelijkheid voor de overheid. De overheid heeft een rol in het scheppen van de juiste institutionele voorwaarden ten behoeve van de stimulering van duurzaam gedrag van consumenten en producenten. Of tenminste bij te dragen aan omstandigheden en arrangementen die de markt in de richting van duurzaamheid sturen. Meerdere auteurs merken hierbij op dat ook de overheid in deze tijd de gewenste veranderingen niet kan afdwingen. Ook andere ketenpartijen hebben hun verantwoordelijkheden. Waar het op neerkomt, is na te gaan hoe allerlei maatregelen en meerdere benaderingen tot een zo goed mogelijk samenspel van betrokken partijen kunnen leiden.

Uit de essays is een pleidooi te destilleren voor de noodzaak tot samenhangende maatregelen en instrumenten. Hier ontstaat ruimte voor wanneer we het morele verwijt laten liggen en het niveau van een oppervlakkige tegenstelling tussen burgers en consumenten overstijgen. Juist wanneer we deze twee punten, die in de voorgaande paragrafen centraal hebben gestaan, in ogenschouw nemen, komt in beeld dat consumenten hun bijdrage kunnen leveren op het (micro)niveau van individuele aankopen in de winkel, zoals bedrijven op het (meso)niveau hun aandeel kunnen leveren door ketenorganisatie (bijvoorbeeld transparantie of *accountability*). NGO's kunnen duurzaam producentengedrag ondersteunen door druk op de ketel van producenten te houden. Van overheidswege kan dan worden ingezet op maatregelen om op een institutioneel (macro)niveau ondersteuning te bieden aan ontwikkelingen op micro- en mesoniveau (bijvoorbeeld via slimme regelgeving, investeringspremies of compensaties, of zelfs macrokwesties als grondpolitiek). Het moet gezegd, deze vormen van samenspel en samenwerking zijn niet eenvoudig, ook al niet omdat ze een duurzaam langetermijnbeleid en een heldere visie vereisen van alle betrokken partijen. En daar ontbreekt het nogal eens aan.

Op de achtergrond van dit alles spelen de normen en de waarden in relatie tot productie en consumptie een rol. Daar is ook in de essays herhaaldelijk aandacht voor. Arbeidsomstandigheden zijn pas op nationaal niveau verbeterd toen uitbuiting of blootstelling van arbeiders aan toxische stoffen of andere slechte arbeidsomstandigheden onethisch werden gevonden. Ook kinderarbeid werd pas taboe na lange discussies voordat er de ban over werd uitgesproken. Een bedrijf dat overmatig het milieu belast of kinderen misbruikt voor de productie, kan inmiddels al op maatschappelijke tegenstand rekenen. Het is nog niet zover dat het *not done* is om een in de intensieve veehouderij geproduceerde kip te eten. Maar misschien verandert dat.

Over de auteurs

Dr. ir. Volkert Beekman (1968) studeerde rurale sociologie in Wageningen. Na zijn afstuderen in 1992 werkte hij twee jaar bij het Wageningse Studium Generale. Vervolgens promoveerde hij bij de leerstoelgroep Toegepaste Filosofie van Wageningen Universiteit op zijn proefschrift *A green third way?* Sinds zijn promotie in 2001 is hij als senior wetenschappelijk onderzoeker verbonden aan het LEI - Wageningen UR en richt zijn aandacht vooral op consumentenzorgen rond voeding.

Ir. Cees van Bruchem (1950) is landbouweconoom en als wetenschappelijk medewerker verbonden aan het LEI - Wageningen UR te Den Haag. Hij houdt zich bezig met het beleid voor de agrarische sector in de ruimste zin van het woord. Sinds jaren maakt hij deel uit van de redactie van het jaarlijks verschijnende *Landbouw-economisch bericht*.

Dr. Gerda Casimir (1950) is huishoudkundige en als universitair docent verbonden aan de leerstoelgroep Sociologie van consumenten en huishoudens, Wageningen Universiteit. Haar belangstelling gaat uit naar veranderingen in consumentengedrag en huishoudelijke arbeid in relatie tot technologische ontwikkelingen. In haar proefschrift *The impact of telecommuting on the division of labour in the domestic setting* (2001) betrok zij dit op telewerken. Momenteel onderzoekt zij consumentengedrag ten aanzien van voedingsinnovaties.

Dr. Hans Dagevos (1964) is consumptiesocioloog en als senior wetenschappelijk onderzoeker verbonden aan het LEI - Wageningen UR te Den Haag. Het werkveld waarop hij zich voornamelijk beweegt is de contemporaine consumptiecultuur in het algemeen en die van voedsel en groen in het bijzonder. Tot zijn recente publicaties behoren onder meer *Panorama voedingsland: Traditie en transitie in discussies over voedsel* (2002) en *Weten, wensen & waarden: Consument & voedsel(veiligheid)* (2003).

Dr. Paul Diederen (1959) is econometrist van opleiding en als sectiehoofd en programmaleider verbonden aan het LEI - Wageningen UR. Hij houdt zich vanuit een economisch perspectief met een breed scala van onderwerpen bezig, waaronder innovatie, investeringsgedrag, institutionele ontwikkelingen, ketenorganisatie en consumentengedrag. Recente publicaties van zijn hand zijn onder meer 'Modernisation in agriculture: What makes a farmer adopt an innovation?' (2003) en 'Returns on investments in energy-saving technologies under energy price uncertainty in Dutch greenhouse horticulture' (2003).

Dr. Garmt Dijksterhuis (1961) is psycholoog en als senior wetenschappelijk onderzoeker werkzaam bij het ATO - Wageningen UR. Tevens is hij verbonden aan de vakgroep marktkunde van de economische faculteit van de Rijksuniversiteit Groningen en als gastdocent aan de Koninklijke Veterinaire en Landbouwuniversiteit van Denemarken. Zijn onderzoeksinteresse gaat uit naar de waarnemings- en de motivatiepsychologie en in het bijzonder de emotie/cognitie-controverse in relatie tot keuzegedrag. Recente publicaties waar hij (co)auteur van is zijn *Procrustes problems* (2003) en 'Gender and handedness effects on hedonicity of laterally presented odours' (2002).

Dr. Wim Dubbink (1963) is historicus en filosoof en is als universitair docent verbonden aan de Faculteit Wijsbegeerte van de Universiteit van Tilburg. Zijn wetenschappelijke belangstelling gaat uit naar bedrijfsethiek en de politieke theorie van de vrije markt. Recentelijk publiceerde hij *Assisting the invisible hand* (2003) en 'The fragile structure of free market society' (2003).

Dr. Chris Dutilh (1947) is biochemicus en werkt als coördinator voor veiligheid en milieuzaken bij Unilever Nederland. Ook is hij onder andere secretaris van de Stichting Duurzame Voedingsmiddelenketen (DuVo). Sedert begin jaren '90 doet hij onderzoek op het terrein van duurzame ontwikkeling. Hij publiceert regelmatig over zijn bevindingen in diverse tijdschriften.

Prof. dr. Michiel Korthals (1949) is hoogleraar filosofie bij de leerstoelgroep Toegepaste Filosofie van Wageningen Universiteit. Diens onderzoeksveld bevindt zich op het terrein van voedsel, biotechnologie en ethiek. Zijn meest recente boekpublicaties zijn *Tussen voeding en medicijn* (2001), *Pragmatist ethics for a technological culture* (2002) en *Voor het eten: Filosofie en ethiek van voeding* (2002). Korthals is tevens hoofdredacteur van the International Library of Environmental, Agricultural and Food Ethics.

Dr. Anton Schuurman (1953) is historicus en als universitair hoofddocent verbonden aan de leerstoelgroep Agrarische Geschiedenis van Wageningen Universiteit. Zijn belangstelling geldt de geschiedenis van processen van sociale veranderingen. Enkele van zijn publicaties zijn *Aards geluk: De Nederlanders en hun spullen* (1997) en 'Globalisering en geschiedenis' (2001).

Prof. dr. ir. Gert Spaargaren (1954) is als hoofddocent verbonden aan de leerstoelgroep Milieubeleid van Wageningen Universiteit, waar hij tevens als bijzonder hoogleraar invulling geeft aan de leeropdracht 'Beleid voor duurzame leefstijlen en consumptiepatronen'. Tot zijn recente publicaties behoren onder meer *Gedragspraktijken in transitie - de gedragspraktijkenbenadering getoetst in twee gevallen: Duurzaam wonen en duurzame toeristische mobiliteit* (2002) en 'Ecological modernization and the environmental state' (2002).

Dr. ir. Lydia Sterrenberg (1954) studeerde moleculaire wetenschappen aan de Landbouwuniversiteit Wageningen. Na een aantal jaren biochemisch onderzoek gedaan te hebben, kwam ze in 1987 in dienst bij de Nederlandse Organisatie voor Technologisch Aspectenonderzoek, het huidige Rathenau Instituut. Ze was verantwoordelijk voor technology assessment-projecten over allerlei onderwerpen - van biotechnologie tot duurzaam waterbeheer. Met het programma 'Afwegingen rond de veehouderij' van het Rathenau Instituut raakte ze betrokken bij het thema van de burger-consument, waarover ze schreef in de inleiding van *Hoe oordelen we over de veehouderij?* (2001).

Woord van dank

Graag bedanken we:

De begeleidingscommissie van het LNV-onderzoeksprogramma 'Gamma' voor de financiering van het burgers en consumentenproject, waar dit boek een resultaat van is. De interesse vanuit het ministerie van Landbouw, Natuur en Voedselkwaliteit voor de thematiek van burgers en consumenten spreekt uit de bereidheid een financiële bijdrage te leveren aan dit project.

De directie van de Social Sciences Group van Wageningen Universiteit en Researchcentrum voor de sponsoring van de discussiemiddag over burgers en consumenten die op 31 maart 2003 heeft plaatsgevonden in het Museum voor Communicatie in Den Haag.

Rathenaudirecteur Jan Staman voor het vervullen van de rol van voorzitter tijdens deze middag. De discussiemiddag gold tevens als een zogenaamd kennispodium om de interactie en kennisuitwisseling tussen medewerkers van Wageningen UR te bevorderen.

De auteurs die een bijdrage hebben geleverd aan dit boek. Hun inspiratie en expertise hebben *Burgers en consumenten: Tussen tweedeling en twee-eenheid* gemaakt tot wat het is. De essayisten die wel hebben meegedaan aan de in een eerder stadium gehouden essaywedstrijd, maar wiens essay niet is opgenomen in deze bundel, is evenzeer dank verschuldigd voor hun inzet.

De jury van bedoelde essaywedstrijd, bestaande uit Paul Schnabel, Thieu Meulenberg en André van der Zande, voor de consciëntieuze en constructieve wijze waarop deze juryleden de essays hebben beoordeeld.

Het LEI en het Rathenau Instituut voor de financiële en personele ondersteuning. Met name zijn we Liesbeth van Dijk en Dorien van der Zwaag van het LEI en Ira van Keulen en Julika Vermolen van het Rathenau Instituut erkentelijk voor hun hulpvaardigheid.

HD & LS - Den Haag, augustus 2003

www.ingramcontent.com/pod-product-compliance
Lightning Source LLC
Chambersburg PA
CBHW080424270326
41929CB00018B/3155